frauen.begehren

Schriftstellerinnen über weibliche Lust

Susanne Nadolny (Hg.)

frauen.begehren

Schriftstellerinnen über weibliche Lust

Herausgegeben von Susanne Nadolny

S. Marix Verlag

Inhalt

Erwachen

Patrizia Cavalli | Mir ist, als wollte ich   10

Sylvia Plath | Hellwach   11

Catherine Breillat | Allein   14

Emmy Hennings | Verwunschenheit   16

Nuala O'Faolain | Verrückt   17

Elsa Asenijeff | Ersehnte Seligkeit   20

Toni Morrison | Erwartungsvoll   21

Marie Darrieussecq | Zügellos   24

Edna O'Brien | Nackt   27

Elena Ferrante | Verwirrt   30

Mechthild von Magdeburg | Liebesfühlen   32

Radclyffe Hall | Unerfüllt   33

Rosa Mayreder | Eifersüchtig   41

Sibylla Schwarz | Sehnliches Verlangen   45

Ersehnen

Elif Shafak | Verwegen 48

Marlene Streeruwitz | Geladen 52

Annemarie Schwarzenbach | Machtlos 54

Zeruya Shalev | Hungrig 58

Betty Kurth (Vera) | Ungeduldig 63

Emily Dickinson | Wilde Nächte 68

George Sand | Unbefriedigt 69

Joyce Mansour | Tausend Schauder 72

Erica Jong | Lüstern 73

Chimamanda Ngozi Adichie | Schwerelos 77

Else Lasker-Schüler | Nervus Erotis 80

Erglühen

Zadie Smith | Planlos 84

Benoîte Groult | Unersättlich 86

Ricarda Huch | Zärtlichkeiten 89

Chris Kraus | Entwöhnt 90

Marguerite Yourcenar | Unverhüllt 94

Mary McCarthy | Sinnlich 97

Colette | Dankbar   101

Maria Nurowska | Demütig   105

Beatritz de Dia | Schwere Gedanken   107

Margaret Atwood | Geschmacklos   108

Gisela Etzel | Glut und Glanz   111

Saphia Azzeddine | Lernfähig   113

Lily Brett | Überspannt   115

Alice Munro | Beleidigt   119

Bernardine Evaristo | Überrascht   121

Erkunden

Anne Sexton | Genuss   126

Marguerite Duras | Beglückt   128

Sally Rooney | Gespannt   130

Maria Sveland | Unkompliziert   134

Franziska zu Reventlow | Ehrlich   137

Elsa von Freytag-Loringhoven | Wetterleuchte   142

Ingeborg Bachmann | Frei   143

Miranda July | Wachgeküsst   148

Simone de Beauvoir | Beschämt   150

Louise Labé | Glücksströme   154

Erinnern

Olga Grjasnowa | Nostalgisch 158

Catherine Millet | Verblüfft 159

Ulla Hahn | Wirbelsäule 161

Anja Meulenbelt | Traurig 163

Hedwig Dohm | Überwältigt 166

Virginia Woolf | Verzückt 169

Ada Christen | Wilde Küsse 172

Clara Müller-Jahnke | Trotzig 173

Lydia Davis | Bescheiden 180

Emmanuelle Bayamack-Tam | Ungehörig 182

Lauren Groff | Verwitwet 186

Vita Sackville-West | Sentimental 191

Sulpicia | Feurige Reue 195

Nachbemerkung zur Textauswahl 197

Quellenverzeichnis 201

Erwachen

Patrizia Cavalli
1949, Todi (Italien)

Mir ist, als wollte ich

Mir ist, als wollte ich, doch was will ich?
Was begehre ich? Ich weiß es nicht.
Es ist wie wenn ich im Sommer zum Himmel
blicke hoffend eine Sternschnuppe zu sehen
oder einen Stern der fallen könnte, und unsicher über
meine Wünsche träge vertraue auf den geheimen, dunklen Teil
meiner selbst,
dem losgelösten, im Hinterzimmer vergessenen Teil
der vielleicht noch die Urform, die Gußform der Lust
in sich bewahrt, falls es sie gibt
und mit verschlossener Stimme sage: mein Wille erfülle sich
mein Wunsch werde wahr. Auch wenn ich ihn nicht weiß
nicht kenne, der Stern kennt ihn,
denn er ist fern.

Sylvia Plath

* 27. Oktober 1932, Boston (Massachusetts, USA)
† 11. Februar 1963, London (England)

Hellwach

Es gibt einen Tag im Leben, den du nie vergißt, so sehr du es auch versuchst. Wenn der Sommer wiederkehrt und es warm genug ist, um paddeln zu gehen, fällt er dir ein. Beim ersten blauen Junitag ist die Erinnerung da, leuchtend, kristallklar, wie durch Tränen gesehen ...

Du gehst mit Linda zum ersten Mal in dieser Jahreszeit zum See, um zu paddeln. Ihr geht hinunter zum Bootshaus ... zu dem Anlegesteg aus faulenden Planken, die sich zum Wasser neigen ... zu den leeren Paddelbooten, die wie flache, schwimmende grüne Erbsenschoten wartend daliegen. Wackelig steigst du in den Bug, während Linda das Ruder nimmt, und die ganze Zeit tänzelt und hüpft das leichte Boot unter dir, ungeduldig, fortzukommen. Es ist einer dieser vollkommenen Tage im Juni, die du immer zu beschreiben versuchst, aber es gelingt dir nie. Nimm den Geruch von frischgewaschener Wäsche; von trocknendem Himmelstau nach einem Regen; nimm die huschenden Bewegungen des Sonnenlichts auf der Wiese; den kühlen Geschmack von Minze auf der Zunge; das klare Leuchten der Tulpen im Garten; grüne Schatten, sich ins Gelb lichtend, ins Blau verdichtend ... der strahlende Glanz ... die heiße Berührung der Sonne auf deiner Haut ... blendende Sonnenpfeile, die vom tiefen gläsernen Blau des Wassers abprallen ... die Heiterkeit ... Blasen steigen auf, platzen ... die gleitende Bewegung ... der fließende Gesang des Wassers hinter dem Bug ... die tanzend wechselnden Farbsprenkel: all dieses zum Lieben, zum Verehren. Nie wieder solch ein Tag!!

Du paddelst zu einer Bucht … du treibst … du lehnst dich zurück und schließt die Augen vor dem Sonnenlicht, heiß liegt es auf deinen Lidern … du blinzelst in die Sonne, und auf deinen Wimpern spannen sich Netze von Regenbögen. Eingelullt durch das gleichmäßige Lecken der Wellen am Kiel, das Schaukeln … das Gleiten … treibt ihr ans Ufer.

Plötzlich hört ihr Stimmen … unverwechselbar … Stimmen von Jungen. Ein Schauder der Erregung ist in deinen Adern, eine überraschende Gespanntheit. Hellwach seid ihr auf einmal. Abenteuer sind in Sicht. Du glättest dein Haar und schaust verstohlen um dich. Tatsächlich … ein anderes Boot fährt hinter euch am Ufer entlang … zwei Jungen … Wie kann man die Fahrt verzögern? Wie zufällig anhalten? Die steile Böschung, der ihr entgegentreibt, ist mit Rhododendren bedeckt … verführerische Büschel scharlachroter und weißer Blüten hängen über dem See und werfen dunkle Schatten auf das Wasser. Mit bebender Stimme sagt Linda: »Laß uns Blumen pflücken.« Das reicht … vier Worte … und ihr beide versteht euch völlig. Du stellst dich im Boot auf, gefährlich schaukelnd und kichernd, als du dich reckst und die Blüten abreißt … rücksichtslos die Zweige abbrichst … ihr lacht die ganze Zeit … vielleicht ein bißchen zu aufgedreht, aber ihr lacht, pflückt die Blumen und sehnt euch danach, über die Schulter zu blicken, wagt es aber nicht. Eine köstliche Aufregung summt die ganze Zeit in dir. Die Stimmen werden lauter. Einen hört ihr sagen: »Laß uns rüberpaddeln, die Mädchen besuchen.« Ihr pflückt den Rhododendron jetzt sorgfältiger, seid bewußt um Grazie und Gleichgültigkeit bemüht. »Hallo, ihr«, ruft eine warme männliche Stimme hinter euch. Mit vorgetäuschter Überraschung fahrt ihr herum. »Oh, hallo ...« du tust atemlos und kippst beinahe das Boot, als du dich hinsetzt. Und jetzt? Nervös fragst du dich, wie es weitergehen wird. Aber das Weitere ergibt sich von allein. Du siehst zu Linda, die in aufgeregter Fröhlichkeit kichert und ihr blondes Haar aus den Augen schüttelt. Du siehst zu den beiden Jungs ... von nahem nicht so gutaussehend ... aber nett. Die Boote schaukeln, bedeutungsloses Geplauder geht hin und her. Du denkst zurück und kannst dich nicht einmal an deine Worte erinnern. Aber ihr lacht ... wißt, daß sie euch niedlich finden ... wißt, daß sie euch nett finden. Ihr stachelt die Jungs auf, wer von uns kann schneller paddeln? Sie schauen sich lachend an. Wollen wir um die Wette, schlagt ihr vor. Oh, nein, das wäre nicht fair. Einer wird für dich paddeln. Du protestierst vergnügt. Sie bestehen darauf. Heimlich hoffst du, daß der dunkelhaarige Typ zu dir kommt ... Leichtfüßig steigt er in euer Boot und nimmt das Ruder. Buck heißt er. Don, der andere Junge, läßt einen gespielten Seufzer los: »Ich kann nicht allein paddeln.« Er guckt Linda an. Geschmeichelt tut sie, als zögere sie, und fragt: »Soll ich?« Aber sie steigt auch um, und alles ist vollkommen. Ihr sitzt den Jungs gegenüber, lehnt euch in die Kissen und tauscht heimliche Blicke befriedigten Stolzes. So etwas ist euch noch nie vorher passiert. Keiner der Jungs aus der Schule ist je so nett zu euch gewesen. Du konzentrierst dich auf Buck. Er ist dünn und blaß, mit dunklen Augen und strähnigem, schwarzem Haar, aber du bemerkst sein ungekämmtes Haar, seine Blässe nicht; du siehst nur seine Augen. Hier ist ein Junge ... paddelt dein Boot ... er mag dich. Sofort ist Buck mit einem träumerischen Schleier umhüllt. Mit jeder Minute wird er anziehender.

Catherine Breillat
* 13. Juli 1948, Bressuire (Frankreich)

Allein

Seine Hüften haben Schwung wie das Meerblau seiner ausgewaschenen Bluejeans, und das Unterhemd schneidet seinen Brustkorb aus.

Der Geruch. Der faszinierte Alice als erstes, obwohl sie ihn nicht einordnen konnte, aber sie begriff, daß er etwas von Schlamm, von Niedrigkeit hatte, und sie ärgerte sich darüber, daß sie den Mann anschaute. Ein Mann. Herr, aber auch Diener, und diese beiden brennenden, nicht miteinander zu vereinbarenden gesellschaftlichen Zustände wühlten sie auf.

Indessen blieb sie am Zaun stehen aus Angst, man könnte sie dazu zählen und er könnte etwas merken, als sie ihn eingehend beobachtete, spürte sie allerdings, daß er zweifellos nur das groß gewordene Kind in ihr sehen würde, den unerfahrenen und reizlosen Backfisch, daß also die Botschaft nicht ankommen würde.

Deshalb faßte sie sich ein Herz und ging hinein, mischte sich ostentativ unter die Männer, hängte sich an sie und fragte sie nach ihren Familien. Was gibt es Neues. Ihr geht es gut. Ja, es sind Ferien. Wie immer.

Diese Ehrerbietung und Vertraulichkeit, in der man mit ihr, der Tochter des Inhabers, plauderte, waren wie eine Ohrfeige für sie, für ihre Unbekümmertheit und ihr neues Gefühl.

Und ihre Sehnsucht. Ausdruckslos in diesem ganzen Getue, aber nicht unaussprechlich. Er hatte slawische grüne Schafsaugen, die ins Meergrüne gingen.

Nach einer gewissen Zeit fand Alice, sie könne jetzt wieder gehen, da sie ihn später haben würde, sich irgendwo im Niemandsland der Dünen vor den Augen ihrer Familie tief über ihn beugen würde.

Dann nahm sie ihr Rad, und während sie sich in den Sattel schwang, hatte sie das Gefühl, ihr Schlüpfer wäre weit aufgerissen und alle wüßten, daß ihr Geschlecht den Sattel berührte, und daß es deshalb still geworden war, dabei war sie nur schon ein Stück weiter auf dem Weg, der in den Kiefernwald führte und so holprig war, daß ihr ganzer Körper große gymnastische Sprünge vollführte, bei denen ihr Plisseerock flatterte.

Emmy Hennings
*17. Januar 1885, Flensburg
† 10. August 1948, Sorengo (Schweiz)

Verwunschenheit

Bin ich der Durst in zarten Farben?
Mein Schicksal blühend, tief versunken?
Durchtränkt steh' ich in Sonnengarben.
Neigt sich ein Zweig, so leise trunken …

Jubelt der Wald in meinen Augen?
Klagt eine Lust in meinem Haar?
Will rote Blume mir am Herzen saugen?
Wie glüht das Leben wunderbar.

Ach, wem gehören wohl die Hände?
Die dankbar schimmern wie das Licht.
So fremd und freund durch alle Wände
fällt Lächeln in mein Angesicht.

Ich bin der Strom in allen Dingen
O, eine Seligkeit erwacht!
Der grüne Weg will klingen, singen:
Bin Sommertag und Liebesnacht.

Nuala O'Faolain
* 1. März 1940, Dublin (Irland)
† 9. Mai 2008, ebenda

Verrückt

An meinem vierzehnten Geburtstag kam ich ins Internat, weil ich in der Pubertät zu viel Schwierigkeiten machte. Ich wusste selbst nicht, was mit mir los war und wie man es benennen sollte; alles, was ich wusste, war, dass in mir etwas tobte, über das ich keine Kontrolle hatte. Ich war bestürzt über das Verlangen meines Körpers, das mir vorher nie aufgefallen war. Mich interessierte nichts und niemand in der kleinen Stadt, in der wir lebten, außer tanzen zu gehen und dann nach Hause gebracht zu werden oder mit meiner Freundin durch dunkle und zugige Gassen Richtung Hafen zu schlendern und über Jungen zu sprechen. Einmal überraschte uns mein Vater, als wir heimlich da herumgammelten. »Knöpf deinen Mantel zu«, schnauzte er mich an, »du siehst ja aus wie ein Proletenmädchen.«

Es war nicht nur meine Sexualität, die ihn störte; ich verhielt mich nicht standesgemäß. In unserer Kleinstadt ging man als Klosterschülerin nicht ins Gemeindehaus zum Tanzen, um sich vor dem Spiegel in der übel riechenden Damentoilette zu drängeln und danach am Rande der Tanzfläche – all der Männer im Raum körperlich heftig gewahr – darauf zu warten, dass man zum Tanzen aufgefordert wurde, und das bis morgens früh um vier. Nur Arbeiter oder Studenten des Technikums gingen tanzen. Wenn die Band endlich »Good night, sweetheart/See you in the morning« spielte, war der Saal eine einzige schwitzende und brodelnde Masse. Nach der Nationalhymne suchte ich meinen Mantel und ging in die Dunkelheit hinaus. Wer auch immer mich nach Hause bringen würde, stand dort wortlos im Schatten der Laterne. Oftmals kannten wir noch nicht einmal unsere Namen.

Allein für diese Knutschorgien – in Hausfluren, unter Bäumen, hinter unserem Haus – hätte ich alles getan. Ich stahl zum Beispiel. Meine Mutter war damals ärmer als je zuvor. Ich musste oft unangenehme Dinge für sie erledigen, beispielsweise zum Gaswerk unten am Hafen gehen, an all den Männern vorbei ins Büro und darum bitten, dass jemand unseren blockierten Gaszähler wieder freischaltete. Jeder wusste, dass unser Gaszähler nicht blockiert war, aber wenn der Mechaniker das Geld für die abgelaufene Zeit nachzählte, dann blieben vielleicht ein paar Schillinge Restgeld übrig, und auf die lauerte meine Mutter verzweifelt. Trotzdem klaute ich ihr Geld, um zum Tanzen zu gehen.

Die Nonnen wussten alles, was in unserem Städtchen geschah. Als sie mitbekamen, dass ich mit einem verheirateten Mann ausging – dabei wusste ich gar nicht, dass er verheiratet war, ich wusste nur, dass ich verrückt nach ihm war –, da ließen sie meinen Vater kommen, damit er mich von der Schule nähme. Ich war dreizehn. Ich galt als schlecht. Ich war die Zweitälteste. Noch waren meine Eltern in der Lage, etwas für mich zu tun.

Von der Red-Bank-Bar aus arrangierte meine Mutter telefonisch, dass ich einen Platz im St.-Louis-Kloster, weit weg in Monaghan, bekam. Mein Vater verkaufte sein Auto. Ich wurde bei Gorevan's mit Serviettenringen, drei Paar Schuhen, einem Morgenmantel und einer Haarbürste ausgestattet – alles Dinge, die kein Mensch in unserer Familie je besessen hatte.

Dann borgte mein Vater ein anderes Auto – wenn ich daran denke, was er für mich tat, verglichen mit dem, was meine Geschwister an Fürsorge bekamen, dann habe ich noch heute ein schlechtes Gewissen – und fuhr mich nach Monaghan. Die Straßen waren verschneit, er kannte sich mit dem fremden Wagen nicht so gut aus, und wir brauchten zwei Tage. Es war Aschermittwoch, wir gingen zusammen zur Messe, und danach brachte er mich zu dem grauen Granitgebäude und ließ mich bei der Oberin. Auf dem See vor der Schule trieben Eisschollen, und bewegungslos standen die Schwäne in dem dunklen Wasser. Es war noch nicht einmal eine Woche her, dass ich die halbe Nacht eng, von großen, schweren Händen auf meinem Rücken an Männerkörper gepresst, durchgetanzt hatte. Im Vergleich dazu war ich nun auf einem Planeten gelandet, auf dem kein Leben möglich war.

Elsa Asenijeff
* 3. Januar 1867, Wien (Österreich)
† 5. April 1941, Bräunsdorf

Ersehnte Seligkeit

O wär das Lager uns bereitet,
Von gleitender Seide linnenhaft umspannt ...
Läg deine blasse, kühle Hand
Mir kosend
Um den Hals gebreitet –
Und wären unsre Lippen
Purpurrosenhaft geeint ...

Ersehnte Seligkeit, die ich nicht kenne!
O wühlte deiner Sehnsucht Flamme
Meinen Körper aus,
Bis ich verbrenne!
– – – – – – – – –
Süsser, Süsser!
Fach mich an und – lösch mich aus!

Toni Morrison
* 18. Februar 1931, Lorain (Ohio, USA)
† 5. August 2019, New York City (New York, USA)

Erwartungsvoll

Als sie eintreten, brandet Musik zur Decke und durch die zum Lüften weit geöffneten Fenster. Sofort werden beide Mädchen von Männerhänden ergriffen und in den tanzenden Mittelpunkt des Zimmers gewirbelt. Dorcas erkennt in ihrem Partner Martin, der eine heiße Minute lang mit ihr im selben Sprecherziehungskurs war, so lange, bis die Lehrerin merkte, daß er sein »ax« niemals für »ask« aufgeben würde. Dorcas tanzt gut – nicht so schnell wie einige andere, aber sie ist anmutig, trotz der beschämenden Schuhe, und sie ist aufreizend.

Erst nach zwei weiteren Tänzen bemerkt sie die Brüder, die im Eßzimmer eine ganze Gruppe mit Beschlag belegen. Auf der Straße, in Hauseingängen und bei privaten Festen sind sie ein Blickfang, mit ihren Bewegungen wie gespannte Seide oder loses Metall. Das Hüpfen im Magen, von Dorcas und Felice übereinstimmend als Zeichen echten Interesses und möglicher Liebe erkannt, beginnt und breitet sich aus, als Dorcas die Brüder beobachtet. Die belegten Brote sind jetzt verschwunden, und auch der Kartoffelsalat, und jedermann weiß, daß die Zeit für die Schummermusik naht. Die von den Brüdern zur Schau gestellte unglaubliche Beweglichkeit, ihre auf Sekundenbruchteile abgestimmte Gleichzeitigkeit kündigen den Höhepunkt des Festteils mit den schnellen Tänzen an.

Dorcas begibt sich in den Flur, der parallel zu Wohn- und Eßzimmer verläuft. Aus seinem Schatten hat sie durch den

Rundbogen einen unverstellten Blick auf die Brüder, die nun die Vorstellung zum schwungvollen Abschluß bringen. Lachend nehmen sie das ihnen gebührende Lob entgegen: bewundernde Blicke von Mädchen, gratulierendes Puffen und Schulterklopfen von den Jungen. Sie haben herrliche Gesichter, diese Brüder. Ihr Lächeln mit mehr als nur makellosen Zähnen ist amüsiert und einladend. Jemand kämpft mit der Victrola; setzt den Arm auf, zerkratzt die Platte, versucht es noch einmal, tauscht dann die Platte gegen eine andere aus. Während der Verzögerung bemerken die Brüder Dorcas. Größer als die meisten anderen, blickt sie über den Kopf ihrer dunklen Freundin zu ihnen hinüber. Die Augen der Brüder erscheinen ihr geweitet und herzlich. Sie strebt vorwärts, aus dem Schatten heraus, und schlüpft durch die Gruppe. Die Brüder erhöhen die Leuchtkraft ihres Lächelns. Jetzt liegt die richtige Platte auf dem Grammophonteller; sie hört das vorausgehende Rauschen, als die Nadel in die Rille gleitet. Die Brüder strahlen; einer beugt sich den Bruchteil eines Zentimeters zum anderen hinüber und flüstert etwas, ohne den Blickkontakt mit Dorcas zu verlieren. Der andere mustert Dorcas von oben bis unten, als sie auf sie zukommt. Dann, genau als die Musik langsam und rauchig die Atmosphäre auflädt, rümpft er, noch immer mit strahlendem Lächeln, die Nase und wendet sich ab.

Dorcas ist, in der kurzen Zeit, die eine Nadel braucht, um die Rille zu finden, wahrgenommen, abgeschätzt und verworfen worden. Das Magenhüpfen möglicher Liebe ist nichts, verglichen mit den Eisschollen, die jetzt ihre Adern verstopfen. Der Körper, den sie bewohnt, ist unwürdig. Obwohl er jung ist und das einzige, was sie besitzt, ist es, als wäre er zur Zeit des Knospens schon am Stamm verdorrt. Kein Wunder, daß Neola schützend den Arm abwinkelte und die Stücke ihres Herzens in der Hand hielt.

Und so war ihr Leben zu dem Zeitpunkt, als Joe Spur ihr durch den Spalt einer sich schließenden Tür etwas zuflüsterte, fast unerträglich geworden. Fast. Das Fleisch, schwer verachtet von den Brüdern, hielt das darin brennende Liebesbegehren geheim. Ich habe geschwollene Fische in heiterer Blindheit am Himmel dahintreiben sehen. Ohne Augen, aber auf irgendeine Weise gelenkt, schwimmen diese Luftschiffe unter Wolkenschaum, und keiner läßt sich von ihrem Anblick ablenken, weil es ist, als beobachtete man einen privaten Traum. So war ihr Begehren: hypnotisierend, gelenkt, trieb es wie ein offenes Geheimnis just unter der Wolkendecke dahin.

Marie Darrieussecq

* 3. Januar 1969, Bayonne (Frankreich)

Zügellos

Angeblich ist Delphine eine *Nymphomanin*. Was nicht unbedingt Nutte oder Schlampe bedeutet. Auch nicht *Flittchen*. Es ist in diesem Zusammenhang eher was Krankhaftes (erklärt Nathalie). Das heißt, sie kann gar nicht anders, nicht aus böser Absicht, sondern weil sie nur das Eine im Kopf hat. Schlimmer noch als Flutsch. Sie ist dermaßen davon besessen, dass sie es mit jedem x-Beliebigen treibt. Sie hat sich sogar die Haare lila gefärbt. Angeblich hat sie die Hälfte aller Jungs aus der Schule zum Mann gemacht. Sogar Arnaud, das war angeblich sie (und zwar erst vor kurzem).

Dabei ist schon ihre Mutter blutjung Mutter geworden.

»Ich sehe da keinen Zusammenhang«, wirft Rose ein.

Seit einigen Monaten gibt Rose beeindruckende Erkenntnisse zum Besten, die extrem reif und total aufgeschlossen klingen. Wie ihre Eltern. Sie würde sich bestimmt prächtig mit Lætitia verstehen (bloß dass sie einander nicht leiden können).

»Hätte man ihrer Mutter damals erlaubt abzutreiben« – fährt Rose fort – »dann gäbe es jetzt gar keine Delphine, die als Nymphomanin gelten könnte.«

Concepción bekreuzigt sich unauffällig.

(Wenn man sich verkehrt herum bekreuzigt, kommt man angeblich in die Hölle.)

»Glaubt ihr vielleicht (beharrt Rose weiter), dass ihre Mutter zum Spaß schwanger geworden ist, in unserem Alter?«

Eine Welt ohne Delphine. In einer solchen Welt, da ist sie sich ganz sicher, würde sie, Solange, Delphines Platz einnehmen. Es mit sämtlichen Jungs treiben. Nicht stolz und schick wie Lætitia oder cool und entspannt wie Nathalie, sondern auf die schmutzige Tour, weil sie sich einfach nicht beherrschen kann. Jetzt weiß sie, was mit ihr los ist. Sie ist nymphoman. Das ist ihre Krankheit.

Die anderen (Rose, Nathalie, Concepción) beugen sich über das Geschichts- und Erdkundebuch. Sie haben sich zum Lernen bei Concé versammelt. Das Abkommen von Jalta.

Ein Foto, auf dem nur Männer zu sehen sind.

Ist sie wirklich die einzige mit diesem Bild vor Augen – nichts als Schwänze unter den dicken Mänteln? Lauter Schwänze, von (braunen, blonden, grauen, weißen) Härchen umkränzt, ruhend unter dem Bauch der sitzenden Männer, baumelnd in den Unterhosen derer, die dahinter stehen?

Der in der Mitte, der einzige, dessen Hose man sieht, hat einen völlig zerknitterten Schritt.

Ob man sich überhaupt konzentrieren kann, wenn man einen Schwanz hat? Haben sie nicht an ihre Schwänze gedacht, als sie diese Verträge unterzeichneten? Werden die nicht *unwillkürlich* steif, wenn man gerade dabei ist, die Welt untereinander aufzuteilen?

Schwänze, die in all diesen Hosen ein Eigenleben führen, Schwänze, kleine Wichtel, die zu jedem dieser Männer gehören, Schwänze, die sich ihren Schwanzangelegenheiten widmen. Die Schwänze von Jalta, gewaschen oder nicht, schlaff oder straff, stinkend oder frisch, juckend oder entspannt, die keinen kümmern oder im Gegenteil jeden insgeheim beschäftigen.

Das würde sie gern lernen, die Geschichte des Schwanzes, wie man vorgeht und wie man lebt, wenn man das anstelle von jenem hat.

Sie wiegt sich auf dem harten Holzstuhl hin und her, die Jeansnaht drückt ihr sachte ins Fleisch, unauffällig bewegt sie die Hüften.

Solange ist von *zügelloser Sinnlichkeit.*

Ein bisschen Aufmerksamkeit auf sich lenken, an diesem unheimlich (sie muss mit diesem *unheimlich* aufhören) öden Geschichts- und Erdkunde-Nachmittag. Das alles ein bisschen aufmischen, dieses Leben, diese Köpfe, über lauter Bücher gebeugt, diese Muschis, auf lauter Stühle gepresst.

Edna O'Brien
* 15. Dezember 1930, Tuamgraney (Irland)

Nackt

Er sah mich lange an. Mit diesem typischen Blick, halb erotisch und halb geheimnisvoll, und dann sagte er ganz sanft meinen Namen. (»Caithleen.«) Wenn er das tat, hörte ich das Schilf seufzen; ich hörte den Brachvogel und all die anderen einsamen Geräusche Irlands.

»Caithleen. Ich möchte dir etwas zuflüstern.«

»Flüstere«, sagte ich. Ich strich mir das Haar hinters Ohr, und er hielt es dort fest, weil es sonst immer zurückfiel. Er beugte sich zu mir, ging mit den Lippen ganz dicht an mein Ohr und gab mir dort einen Kuss, dann sagte er: »Zeig mir deinen Körper. Ich habe noch nie deine Beine, deine Brüste oder irgendetwas gesehen. Ich möchte dich sehen.«

»Und wenn ich nicht schön bin, änderst du deine Meinung?«

Ich hatte das Misstrauen meiner Mutter geerbt.

»Sei nicht albern«, sagte er und half mir aus meiner Strickjacke. Ich überlegte, ob ich zuerst die Bluse oder den Rock ausziehen sollte.

»Nicht hinsehen«, sagte ich. Es war schwierig. Ich wollte nicht, dass er meine Strumpfhalter und solche Sachen sah. Ich streifte den Rock und alles darunter ab, dann die Bluse und das Baumwollunterhemd, und zum Schluss öffnete ich den BH, den schwarzen, und dann stand ich leicht zitternd vor ihm und wusste nicht, wohin mit meinen Armen. Ich legte eine Hand an den Hals, eine Geste, die ich oft mache, wenn ich verlegen bin. Ich fror nur da nicht, wo mein Haar den Nacken und den oberen Teil meines Rückens bedeckte. Ich setzte mich neben ihn und schmiegte mich dicht an ihn, um mich etwas zu wärmen.

»Jetzt darfst du gucken«, sagte ich, und er nahm die Hand von den Augen und betrachtete etwas verstohlen meinen Bauch und meine Schenkel.

»Deine Haut ist weißer als im Gesicht. Ich hatte sie mir rosa vorgestellt«, sagte er und küsste mich am ganzen Körper.

»Jetzt brauchen wir uns nicht mehr zu genieren, wenn wir dort ankommen. Jetzt haben wir uns ja gesehen.«

»Ich dich aber noch nicht.«

»Willst du?«, und ich nickte. Er öffnete seine Hosenträger und ließ die Hose bis zu den Knöcheln rutschen. Dann zog er auch die anderen Sachen aus und setzte sich schnell wieder. Ohne den rabenschwarzen Anzug und das steife weiße Hemd sah er nicht halb so vornehm aus. Im Garten regte sich irgendetwas, oder war es im Flur? Mit Schrecken malte ich mir aus, wie es wäre, wenn Johanna im Nachthemd hereinplatzen und uns wie zwei nackte Idioten auf dem grünen Samtsofa sitzen sehen würde. Sie würde Gustav rufen, die Damen von nebenan würden sie hören, und dann käme die Polizei. Ich blickte verstohlen an ihm herunter und kicherte ein wenig. Es war so lächerlich.

»Was ist denn so lustig?« Mein Lachen kränkte ihn.

»Er hat dieselbe Farbe wie der hellere Teil meiner Orchidee«, sagte ich und sah hinüber zu meiner Orchidee, die immer noch an meiner Strickjacke steckte. Dann berührte ich sie. Nicht meine Orchidee. Seine. Sie war weich und unglaublich zart, wie die inneren Blütenblätter einer Blume, und sie bewegte sich.

Ich musste an das kleine schwarze Männchen oben auf manchen Spardosen denken, das jedes Mal, wenn man eine Münze hineinwarf, mit dem Kopf wackelte. Ich sagte es ihm, und er küsste mich lange und ungestüm.

»Du bist ein böses Mädchen«, sagte er.

»Das gefällt mir«, antwortete ich, die Augen weit offen.

»Nein, bist du nicht, Liebling. Du bist süß. Das süßeste Mädchen, das ich je kennengelernt habe. Mein Landmädchen mit dem Herbstlaubhaar«, und er vergrub das Gesicht darin und sog einen Augenblick seinen Geruch ein.

»Ich bin nicht aus Stahl, Liebling«, sagte er, dann stand er auf und zog die Hose hoch, die an seinen Knöcheln hing. Als ich aufstand, um meine Sachen zu holen, strich er mir über den Po, und ich wusste, unsere gemeinsame Woche würde schön werden.

Elena Ferrante

Verwirrt

Ich hatte sie nie nackt gesehen, es war mir peinlich. Heute kann ich sagen, dass es die Scham war, ihren Körper mit Vergnügen zu betrachten, die unfreiwillige Zeugin ihrer Schönheit einer Sechzehnjährigen zu sein, wenige Stunden bevor Stefano sie berühren, in sie eindringen und sie, falls er sie schwängerte, deformieren würde. Damals war es nur das aufwühlende Gefühl notwendiger Unschicklichkeit, ein Zustand, in dem man den Blick nicht abwenden kann, die Hand nicht wegnehmen kann, ohne die eigene Verwirrung einzugestehen, ohne sie gerade dadurch kundzutun, dass man sich zurückzieht, ohne folglich in Konflikt mit der unbekümmerten Unschuld dessen zu geraten, der einen verwirrt, ohne gerade durch die Weigerung die heftige Gemütsbewegung zu zeigen, die einen erschüttert, so dass man sich zwingt, zu bleiben und den Blick auf ihren jungenhaften Schultern ruhen zu lassen, auf dem Busen mit den harten Brustwarzen, auf den schmalen Hüften und den festen Hinterbacken, auf der pechschwarzen Scham, auf den langen Beinen, den zarten Knien, den geschwungenen Fesseln, den hübschen Füßen. Und man tut, als ob nichts wäre, während doch hier, in diesem kärglichen, etwas düsteren Zimmer mit den armseligen Möbeln ringsherum, auf dem nassen, unebenen Fußboden, alles im Gange und gegenwärtig ist, einem Herzklopfen verursacht und das Blut erhitzt.

Ich wusch sie mit langsamen, sorgfältigen Bewegungen, ließ sie zunächst in der Wanne kauern und bat sie dann, aufzustehen, und ich habe noch heute das Plätschern des Wassers im Ohr, habe noch heute den Eindruck im Gedächtnis, dass das Kupfer der Wanne die gleiche Konsistenz hatte wie Lilas Körper, der glatt, fest und ruhig war. Meine Gefühle und Gedanken waren wirr: sie umarmen, mit ihr zusammen weinen, sie küssen, sie an den Haaren ziehen, lachen, sexuelle Erfahrung vortäuschen und sie in einem gelehrten Ton unterweisen, sie gerade im Augenblick größter Nähe mit Worten auf Abstand halten. Doch am Ende blieb nur der feindselige Gedanke, dass ich sie nur deshalb so früh am Morgen von den Haaren bis zu den Fußsohlen wusch, damit Stefano sie in der Nacht beschmutzen konnte. Ich stellte sie mir vor, nackt wie in diesem Augenblick, von den Armen ihres Mannes umschlungen, im Bett in der neuen Wohnung, während vor ihren Fenstern der Zug vorbeiratterte und Stefanos brutales Fleisch mit einem entschiedenen Stoß in sie eindrang wie ein Korken, der mit der flachen Hand in den Hals einer Weinflasche getrieben wird. Plötzlich schien mir das einzige Mittel gegen diesen Schmerz zu sein, den ich empfand und noch empfinden würde, einen stillen Winkel zu finden, damit Antonio mit mir zur selben Stunde genau das Gleiche tat.

Mechthild von Magdeburg

* um 1207, nahe Magdeburg
† um 1282, Kloster Helfta bei Eisleben

Liebesfühlen

Du bist meinem Begehren ein Liebesfühlen,
du bist meiner Brust eine süße Kühlung,
du bist ein inniger Kuß auf meinem Mund,
du bist eine fröhliche Freude, wenn ich dich find!
Ich bin in dir und du bist in mir,
wir können einander nicht näher sein,
denn wir zwei sind zusammengeflossen
und sind in eine Form gegossen;
so werden wir ewig bleiben, unermüdet.

Radclyffe Hall

* 12. August 1880, Bournemouth (England)
† 7. Oktober 1943, London (England)

Unerfüllt

Diesen Abend trat Stephen vor den Spiegel. Als sie sich in ihm betrachtete, haßte sie ihren Körper mit den muskulösen Schultern, den kleinen festen Brüsten und ihren schmalen Hüften eines Sportlers. Ihr ganzes Leben lang würde sie sich mit diesem Körper herumschleppen müssen, eine ungeheuerliche Fessel, die ihrem Geist aufgezwungen war. Dieser seltsam leidenschaftliche, unfruchtbare Leib mußte glühend lieben und durfte doch nie wiedergeliebt werden von dem Geschöpf, das er anbetete. Verkrüppeln hätte sie ihn mögen, denn er weckte Grausamkeit in ihr; er war so weiß, so stark und überlegen und war doch ein so armes und unglückliches Ding, daß ihr Haß, den sie gegen ihn empfand, in Mitleid umschlug. Sie betrachtete ihn wehmütig, berührte mitfühlend ihre Brüste mit den Fingern, streichelte ihre Schultern und strich mit den Händen die geraden, glatten Hüften entlang – o armer, einsamer Leib!

Dann betete Stephen, für die in eben diesem Augenblick Puddle betete; ins Ungewisse betete Stephen, mit unzulänglichen Worten, die nicht das bedeuteten, was sie meinte – denn sie kannte ja nicht die Bedeutung ihres Ichs, nicht ihre eigene Bestimmung. Aber sie liebte, und aus ihrer Liebe heraus tastete sie nach dem Gott, der sie erschaffen hatte – zu diesem ihrem bitteren Leben.

[...]

Stephens Kummer wurde neuerdings durch Violet verschärft, die jetzt immer nach Morton herüberfuhr, angeblich um über ihren Alec zu sprechen, in Wirklichkeit jedoch, um sich über die Vorgänge in The Grange näher zu informieren. Oft hielt sie sich stundenlang auf und holte Stephen geschickt aus, indem sie unwillkommene Andeutungen über Roger fallenließ.

»Vater ist drauf und dran, ihm seinen Wechsel zu kürzen«, erklärte sie, »wenn er nicht aufhört, diesem Weib nachzulaufen. O entschuldige! Ich vergesse ganz, daß sie deine Freundin ist.« Dann sah sie Stephen inquisitorisch an. »Aber ich kann diese Freundschaft einfach nicht begreifen; allein schon, wie kannst du nur mit Crossby auskommen?« Und Stephen nahm zur Kenntnis, daß der Klatsch über sie in der Grafschaft wieder in vollem Gange war.

Violet hatte vor, im September zu heiraten. Sie würden dann in London leben, denn Alec war dort Anwalt und schon bei Gericht zugelassen. Wie es schien, war ihr Haus schon im voraus in Auftrag gegeben, »ein Juwel von einem Haus, in Belgravia«, wobei Violet beabsichtigte, weitgehend die Zahlungsfähigkeit ihres freigebigen Schwiegervaters Peacock in Anspruch zu nehmen. Sie befand sich in diesen Tagen in der denkbar besten Verfassung und kam sich und ihren Nachbarn ungemein wichtig vor. O ja, alle Welt hatte für Violet und Alec ein verständnisvolles Lächeln. »Welch reizendes junges Paar!« sagten die Leute und überschütteten sie mit Geschenken. Teelöffel mit den heiligen Aposteln trafen gleich dutzendweise ein, desgleichen Kaffeekannen, Sahnekännchen und Fischkellen, nicht zu reden von einer schweren silbernen Schale vom Jagdklub und einem massiven Tablett der dankbaren schottischen Pächter.

Am Tag der Hochzeit würden sich nicht wenige Augenpaare feuchten beim Anblick eines so jungfräulichen Mädchens und eines so jugendfrischen Mannes, ›miteinander vereint zu einem ehrenfesten Stand, den Gott einsetzte, da die Menschheit noch frei von Schuld war‹. Denn obzwar es feststeht, daß die Unschuld des Menschen nicht einmal länger dauerte, als bis sich der Mann mit einem Weibe den Apfel teilte, haben solche alten Überlieferungen nun einmal etwas tief Bewegendes an sich. Dort würden sie also niederknien, die frisch gebackenen jungen Eheleute, glühend vor Begierde, aber geheiligt durch einen Segensspruch, so daß alles, oder fast alles, was sie tun würden, als natürlich zu betrachten war und einem Gott wohlgefällig, der nach dem Bilde des Menschen geschaffen. Und die Tatsache, daß derselbe Gott in einem Augenblick der Gedankenlosigkeit seinerseits diese kläglichen Tausende schuf, die für immer außerhalb seines Segens stehen mußten, würde weder die zahlreich versammelte Gemeinde stören noch ihren weißgewandeten Hirten, noch das auf dem roten, goldbortierten Samtkissen kniende Paar. Hinterher würde der Champagner in Strömen fließen, um das abkühlende Blut der Älteren aufzuwärmen, es würde viel Händeschütteln geben und Glückwünsche über Glückwünsche und vielerlei freundliches Lächeln für Braut und Bräutigam. Einige mochten sogar, wenn die zwei verschwanden, ein flüchtiges Gebet bei sich sprechen: »Gott segne sie!«

So mußte Stephen jetzt aus erster Hand erfahren, wie glatt der Weg wahrer Liebe verlaufen kann, in krassem Widerspruch zum altehrwürdigen Sprichwort. Mußte sich mehr denn je darüber klarwerden, daß Liebe nur denen erlaubt ist, die in jeder Hinsicht dem Durchschnitt entsprechen; mußte sich wie ein mißgeschaffener Paria vorkommen, der seine Wunden unter Lüge und Heuchelei verbarg. Nach solchen Besuchen Violets erreichte ihre seelische Verfassung einen Tiefstand, denn noch hatte sie nicht den stahlhellen Mut erlangt, der allein im Schmelzofen von Kummer und Leid geschmiedet wird, in vielen Jahren trauriger Gespanntheit.

[...]

Der prachtvolle neue Wagen traf aus London ein und erregte Burtons helle Begeisterung und ganze Freude. Die neuen Kostüme waren fertig und wurden schon getragen. Angelas kostbare Tasche wurde mit offenem Entzücken aufgenommen, was ein wenig überraschend war in Anbetracht ihrer früheren Abwehr. Stephen wäre allerdings weniger überrascht gewesen, wenn sie den Grund gekannt hätte. Die Tasche weckte nämlich Ralphs Wut und lenkte so seine leicht zu beeinflussende Aufmerksamkeit vorübergehend von etwas ab, das weit gefährlicher war.

Zunehmend von dem Bedürfnis erfüllt, Angela Crossbys Worten Glauben zu schenken, lauschte Stephen ihren Versicherungen: »Du weißt, daß zwischen mir und Roger nichts ist; du solltest das besser wissen als die anderen Leute.« Sie sah mit ihren blauen, kindlichen Augen Stephen an, die es nie fertigbrachte, der Anziehungskraft ihrer Bläue zu widerstehen.
Wie um die Wahrheit ihrer Worte zu erhärten, kam Roger jetzt weniger häufig nach The Grange. Wenn er erschien, benahm er sich in Stephens Gegenwart nur freundschaftlich und nicht wie ein Liebhaber, so daß das Verlangen, Angela zu glauben, nach und nach Stephens ärgste Befürchtungen zu zerstreuen begann. Aber sie erkannte mit dem untrüglichen Instinkt des Liebenden, daß Angela insgeheim unglücklich war. Mochte sie sich äußerlich

noch so unbekümmert und redselig geben – ihr Lächeln und ihre Fröhlichkeit konnten Stephen nicht täuschen. »Du bist traurig. Was hast du?«

Dann erwiderte Angela: »Ralph war wieder gemein zu mir.« Was sie dabei unterschlug, war jedoch die Tatsache, daß Ralph täglich mehr Mißtrauen schöpfte und täglich unduldsamer gegen Roger Antrim wurde, so daß ihre tödliche Angst vor ihrem Mann ständig in Konflikt mit ihrer Leidenschaft geriet.

Bisweilen erschien es Stephen, als benutze Angela sie als Zuchtrute für Ralph. Sie brachte Stephen dazu, Anzeichen ihrer Zuneigung, die sie ihr sonst stets verwehrt hatte, offen vor Ralph zu bekunden. Ralphs kleine gerötete Augen blickten dann empfindlich gekränkt; er sprang auf und verließ schwerfällig das Zimmer. Sie hörten die Haustür zufallen und wußten, daß er jetzt mit Tony einen Spaziergang machte. Doch wenn sie dann allein waren und sich verhältnismäßig sicher fühlten, kam etwas Rohes, ja Grausames in ihre Küsse, etwas Unzufriedenes, Unbefriedigtes, Ausgehungertes; es war, als wollten ihre Lippen die Körper geißeln. Keine von beiden fühlte sich von dem nagenden Schmerz erlöst, der sie beherrschte, keine empfand auch nur Erleichterung. Denn jede legte in ihren Kuß ein nahezu unerträgliches Gefühl kommenden Verlustes, jede küßte mit dem leidvollen Bewußtsein baldiger Trennung. Nach kurzer Zeit saßen sie da, jede für sich, den Kopf gesenkt und ohne ein Wort zu sprechen, weil nicht über das gesprochen werden konnte, was besprochen werden müßte. Sie wagten es weder einander in die Augen zu sehen noch sich zu berühren, damit sie nicht aufbegehrten gegen diese widersinnigen Artigkeiten.

Von alldem völlig zerrüttet, zerbrach sich Stephen verzweifelt den Kopf, was ihnen beiden wohl Erleichterung bringen könnte.

Sie schlug vor, Angela solle ihr zusehen beim Fechten mit einem gefeierten Londoner Fechtmeister, den sie bestochen hatte, nach Morton zu kommen. Sie versuchte, ihr Interesse für den Wagen zu erwecken, den prachtvollen neuen Wagen, der sie soviel Geld gekostet hatte. Sie suchte herauszubekommen, ob Angela irgendeinen unerfüllten Wunsch hegte, der mit Geld zu befriedigen war.

»So sag mir bloß, was ich für dich tun kann«, flehte sie sie an, doch augenscheinlich gab es nichts.

Mehrmals kam Angela nach Morton herüber und wohnte pflichtschuldig den Fechtstunden bei. Aber es ging nicht gut aus, Stephen mußte entdecken, daß Angela dabei zerstreut aus dem Fenster sah. Dann schlüpfte das flinke, schlau geführte Florett mit seiner stumpfen Spitze durch Stephens Abwehr und brachte ihr Schande ein.

Manchmal fuhren sie mit dem Wagen weit über Land. Eines Abends hielten sie vor einem Gasthaus, um hier zu essen. Angela rief ihren Mann an und entschuldigte sich mit der alten, fadenscheinigen Ausrede einer Autopanne. Sie aßen für sich allein in einem kleinen, ruhigen Zimmer. Vom Garten wehten Düfte durchs offene Fenster herein, warme Düfte, die den Mai bezeugten und die reiche Blumenpracht im Garten. Nie zuvor hatten sie ähnliches unternommen, niemals meilenweit von daheim weg in einem abgelegenen Gasthaus zusammen gegessen, sie beide ganz allein. Stephen streckte ihre Hand aus und bedeckte Angelas Hand, die sehr weiß und still auf der Tischfläche ruhte. Und Stephens Augen stellten eine dringende Frage an sie, denn es war Mai, und das Blut der Jugend drängt und treibt wie der Saft im Frühsommer. Kein Hauch regte sich in den Lüften. Keine von beiden sprach, um die dichte süße Stille nicht zu zerstören; aber

Angela schüttelte langsam den Kopf. Sie konnten nicht essen, denn beide beherrschte ein gleiches und doch so anderes Verlangen. Nach einer Weile erhoben sie sich und gingen, die eine wie die andere im schmerzlichen Gefühl, um Erfüllung betrogen zu sein.

Sie fuhren auf einer Straße zurück, die mit Mondschein gepflastert war, und Angela fiel auf einmal wie ein unglückliches Kind in Schlaf. Sie hatte ihren Hut abgenommen, ihr Kopf lehnte schlaff an Stephens Schulter. Als Stephen sie so sah, hilflos im Schlaf, war sie seltsam bewegt. Sie fuhr sehr langsam, um die Frau nicht zu wecken, die ihren blonden Kopf an Stephens Schulter barg und wie ein Kind schlief. Der Wagen erklomm den steilen Hügel hinter Ledbury, und schon lag das weite Wyetal vor ihr, dessen Schönheit vor langer Zeit ein sonderbares kleines Mädchen traurig gemacht hatte, lange bevor es das Schmerzliche aller Schönheit erfuhr. Das Tal war jetzt in Weiß gehüllt. Hier und da schimmerte ein Dach oder ein Fenster genau so weiß, als hätten die guten Talbewohner allesamt ihre Lampen gelöscht und ihr Lager aufgesucht. In weiter Feme, wie dunkle Wolken von Wales her, zeichneten sich Gipfel an Gipfel die Black Mountains mit ihrem höchsten Grat des Gadrfawr und die Kammlinie des Pen-cerrig-calch deutlich gegen den Horizont ab. Ein leichter Wind strich raschelnd durch das Farnkraut am Hang. Angelas Haar wehte über ihre geschlossenen Augen, daß sie sich seufzend im Schlaf regte. Stephen beugte sich über sie und beruhigte sie.

Da löste sich aus dieser stillen unirdischen Nacht eine unirdische Sehnsucht und kam über Stephen. Eine Sehnsucht, die nicht mehr dem Körper entsprang, sondern der müden, heimwehkranken Seele, welche die Bande des Körpers dulden muß.

Und als sie am Tor von Morton vorüberfahren mußte, wuchs die Sehnsucht in ihr über alles Erträgliche hinaus. Sie hätte die schlafende Frau in ihre Arme nehmen und durch dieses Tor tragen mögen, durch die schwere weiße Haustür und die breite, flachstufige Treppe hinauf, hätte sie niederlegen mögen auf ihr eigenes Bett, noch immer schlafend, doch geborgen in der treuen Hut Mortons.

Plötzlich schlug Angela die Augen auf. »Wo bin ich?« murmelte sie schlaftrunken. Im nächsten Moment traten ihr die Tränen in die Augen. In sich zusammengekauert, weinte sie.

Stephen sagte zärtlich: »Weine nicht, laß nur gut sein.«

Aber Angela weinte weiter.

Rosa Mayreder

* 30. November 1858, Wien (Österreich)
† 19. Januar 1938, ebenda

Eifersüchtig

Ich stehe auf und setze mich ans offene Fenster. Auf der staubigen Straße liegt der gelbe Schein der Gaslaternen; der Himmel ist einförmig schwarz, gegen Süden schwach gerötet vom beleuchteten Dunste der Stadt. Es ist zwölf Uhr; die Schläge einer fernen Kirchenuhr, die man bei Tage nicht hört, dringen durch die Nacht. Alles schläft, Alles ist totenstill. Aber dort in jenem roten Dunste herrscht noch das wache Leben, das Leben der Stadt. Vor den Kaffeehäusern sitzen späte Gäste und genießen den Luftzug, der vorüber streicht: die dürftigen Gärten der Gasthäuser sind voll von Menschen, die sich nicht entschließen können, nach Hause zu gehen, in die erstickenden Schlafzimmer, deren geöffnete Fenster nur den heißen Atem des Pflasters einsaugen. Irgendwo in einem solchen Garten aber sitzt Raimund Lamaris, und neben ihm die Unbekannte, mit der er spricht und lacht »wie andere gemeine Sterbliche«. Bei dieser Vorstellung überkommt mich die Neigung, alle die geschlossenen Thüren hurtig zu öffnen und fortzulaufen über die totenstille Straße. Und eine Empfindung gegen die Unbekannte regt sich in mir, eine Empfindung, die die Seele aufstachelt wie Neid, die das Blut durch die Adern treibt wie Zorn, die sich ins Herz bohrt wie ein brennender Groll. Bin ich eifersüchtig auf die Unbekannte?

Ich führte keine heimlichen Zwiegespräche mehr mit Raimund Lamaris. Sie waren mir verleidet durch die Unbekannte. Die Unbekannte verfolgte mich Tag und Nacht; sie drängte sich zwischen mich und ihn, so oft ich an ihn dachte. Wie sah sie aus? Wer war sie? Welchen Raum nahm sie in seinem Leben ein? Wieviel von seinem Herzen besaß sie? War sie es, die ihn so zurückhaltend gegen mich machte? Was stellte sie an, daß dieser ernste, unzugängliche Mann in ihrer Gesellschaft lachte und sich unterhielt »wie andere gemeine Sterbliche« –?

Ich konnte nicht im Zweifel darüber sein, welche Bewandtnis es mit ihren Beziehungen zu ihm hatte: das Gesicht und der Ton, mit dem Herr von Zedlitz von ihr erzählt hatte, sagten mir genug.

Und mein Inneres entzweite sich. Es gab eine Schichte, in welcher die vernünftigen Erwägungen herrschten, jene vernünftigen Erwägungen, mittels derer man sich mit der Welt, mit dem Leben, mit der Wirklichkeit ins Einvernehmen zu setzen trachtet: und es gab eine Schichte, in welcher eine Raserei der Auflehnung herrschte, eine blinde Leidenschaft, die keine Vernunft anerkannte, die sich selbst durchsetzen wollte, die sich wild und ungebändigt gegen alles Fremde und Feindliche aufbäumte. Nein, Raimund Lamaris sollte mir allein gehören, mir allein, von seinem ersten Atemzug bis zu seinem letzten! Seine Seele sollte wie eine marmorne Tafel sein, auf der mein Name geschrieben stand, mein Name als ein Schicksalswort, das über Leben und Tod gebietet! Ich allein sollte in seiner Seele leben wie in der Seele des Gläubigen Gott lebt, der keine Götzenbilder neben sich duldet! Ich allein sollte das Weib für ihn sein, das eine und einzige, das vorherbestimmte, das ihm vermählt war von Ewigkeit, das Weib der mystischen Einheit, in welche die Seelen der Liebenden auf einem anderen Sterne verschmelzen!

Der Gedanke, daß es im Leben desjenigen, den ich liebte, ein fremdes Weib gab, welches mehr von ihm besaß als ich, verursachte mir einen irrsinnigen Schmerz. Das fremde Weib schien ihn mir zu entreißen für alle Zeit; das Weib, das gewöhnlich war, oder niedrig, oder dumm, oder kalt, oder berechnend, oder auch nur irgendwie anders als ich, ließ eine fremde Spur in seiner Seele zurück, einen fremden Einbruch, der nie mehr ausgelöscht, eine fremde Stelle, die nie mehr mein eigen werden konnte.

Und noch etwas Anderes trat jetzt aus dem Dunkel meiner Empfindung hervor; ich erkannte es und erschrak. Raimund Lamaris war nicht länger eine Seele, die ich liebte, Raimund Lamaris war ein Mann, den ich begehrte.

Ich weinte Thränen der Scham und Verzweiflung darüber. Wie? Und ich hatte in einem Augenblick der Erhöhung geglaubt, daß ich ihm sagen könnte, was ich für ihn empfand? Mit Schaudern dachte ich jetzt an diesen Augenblick zurück, an die Möglichkeit, daß ich wirklich alle Schranken durchbrochen, daß ich wirklich meine Seele in der Nacktheit ihrer Liebe hingegeben hätte.

Und wieder empfand ich nur das Bedürfnis, mich zu verbergen und zu verhüllen. Die Erkenntnis stellte sich zwischen mich und Raimund Lamaris und stieß mich zurück in jene Sphäre, wo es Bedenken und Verbote giebt, Fehltritte und Sünden, Mißtrauen und Eifersucht.

Jetzt schien es mir tödlich beschämend, einem Mann die Gefühle zu zeigen, die er einflößt. Jetzt brannte die Frage nach Erwiderung wie eine Wunde in der Seele. Der Stolz richtete sich auf und wurde mächtiger als die Liebe. Ich bewies mir, daß alle Aufmerksamkeit, die Raimund Lamaris mir gewidmet hatte, nichts als das Interesse war, das ein Mann von seinem Wissen und seiner Bildung für eine Person hegt, deren Neigungen und

Anschauungen von dem Durchschnittlichen abweichen. Ich erkannte es aus hundert Anzeichen. Es war ein Naturforscher-Interesse, ein Vivisektoren-Interesse. Darum hatte er seine Besuche über die notwendige Zeit ausgedehnt, darum war er mit mir allein im Garten auf- und abgegangen. Er hatte über mich gestaunt, gelächelt, den Kopf geschüttelt. Nur die Verblendung, die er in mir hervorrief, ohne es zu wollen und zu wissen, konnte sein Benehmen anders deuten!

Sibylla Schwarz
* 14. Februar 1621, Greifswald
† 31. Juli 1638, ebenda

Sehnliches Verlangen

Hier hab ich nun mein sehnliches Verlangen:
hier liegt mein Lieb, hier liegt mein ander Ich:
hier gibt das Glück sich selbst gefangen mich:
hier mag ich nun mein Lieb vielmal umfangen:
hier mag ich nun auch küssen seine Wangen:
Cupido hört mein Klagen inniglich,
und will nun auch so hülfreich zeigen sich;
nun mag ich wohl mit meinem Glücke prangen;
die Venus zeigt mir itzt ein gutes Ziel,
ich will nur selbst nicht, was ich gerne will;
o Blödigkeit, du musst nur von mir weichen!
weil du hier bist, währt meine große Pein;
Wer lieben will, muss nicht so blöde sein,
Sonst kann er nicht der Liebe Lohn erreichen.

[Blödigkeit bedeutet Schüchternheit]

Erse

Ersehnen

Elif Shafak
* 25. Oktober 1971, Straßburg (Frankreich)

Verwegen

Sie drehte sich um und ging zur Haustür, in die bernsteingelbes, olivgrünes und purpurrotes Buntglas eingesetzt war. Ihre Aufregung wuchs, und sie klingelte hastig. Ein Laut wie von einem Vogel durchschnitt die Luft, aber nicht das Piepsen eines Kanarienvogels oder der Gesang einer Nachtigall, sondern eher das Gekreisch eines Papageis, der sich über den bemitleidenswerten Besucher lustig machte. Drinnen wurde es kurz still, dann setzte der Lärm wieder ein. Auf der anderen Seite der Buntglasscheibe näherte sich ein menschlicher Umriss, Schritte kamen näher. Peri hatte vergessen, frischen Lipgloss aufzutragen, aber dafür war es jetzt zu spät.

Die Tür wurde geöffnet.

Vor ihr stand eine große Blondine, schlank, durchtrainiert, äußerst attraktiv. Während sie Peri von Kopf bis Fuß musterte, behielt sie ein starres Lächeln bei, das man als freundlich hätte bezeichnen können, wäre es weniger arrogant gewesen. Die Frau wusste um ihr Aussehen; ihr trägerloses mitternachtsblaues Kleid saß wie angegossen und brachte ihre Kurven voll zur Geltung. Keinesfalls eine Professorin, dachte Peri und war froh, den Pulli nicht anbehalten zu haben. Mit dieser Frau wollte sie nichts gemein haben, nicht einmal die Kleiderfarbe.

Azur hatte gesagt, Spinoza, der Hund, sei jetzt seine Familie, was aber nicht heißen musste, dass er keine Freundin oder sogar Ehefrau hatte, auch wenn er keinen Ring trug. Nicht jeder

Ehemann fühlte sich dazu verpflichtet. Warum war ihr noch nie der Gedanke gekommen, es könnte jemanden in seinem Leben geben? Natürlich hatte er jemanden! In seinem Alter hatten alle jemanden.

»Hallo, junges, hübsches Gesicht!«, sagte die Frau und griff nach der Schachtel in Peris Hand. »Du bist die Türkin, stimmts?«

Eilige Schritte näherten sich, und Azur erschien mit einer ungeöffneten Flasche Wein, die wie eine Miniatur-Schiffskanone auf die beiden Frauen gerichtet war. Er trug einen anthrazitfarbenen Rollkragenpullover und ein burgunderrotes Jackett aus Wolle und Kaschmir und erinnerte Peri an den französischen Intellektuellen Louis Althusser, kurz bevor er seine Frau erdrosselte.

»Sie sind wirklich gekommen, Peri!«, rief der Professor. Seine Stirn glänzte im Licht. »Stehen Sie nicht in der Kälte herum, kommen Sie herein!«

Sie folgte ihm – ihnen – ins Wohnzimmer. Im Gang hingen gerahmte Fotos, Porträts von Menschen aus allen Teilen der Welt, die distanziert und selbstbezogen auf Peri hinabblickten, als wüssten sie etwas, was sie erst noch erkennen musste.

»Faszinierende Fotos!«, sagte sie. »Wer hat die aufgenommen?«

»Ich«, antwortete Azur augenzwinkernd.

»Wirklich? Dann sind Sie aber viel gereist.«

»Na ja, ein bisschen. Ich war übrigens auch in der Türkei.«

»In Istanbul?«

Er schüttelte den Kopf. Nein, nicht in Istanbul, der Stadt, in die alle fuhren oder glaubten, irgendwann einmal fahren zu müssen. Azur hatte andere Gegenden durchstreift, hatte den Nemrut Dağı mit seinen riesigen antiken Götterstatuen gesehen, das hoch oben in den Fels gehauene byzantinische Sumela-Kloster und den Berg Ararat, auf dem die Arche Noah gestrandet war.

Peri schluckte und hoffte, er würde sie nicht nach diesen Orten fragen, die sie noch nie besucht hatte.

Zwei gegenüberliegende Wohnzimmerwände waren vom Boden bis zur Decke mit Bücherregalen bedeckt. Dazwischen standen mehrere elegant gekleidete Leute. Sie hielten Champagnerflöten und Weingläser in den Händen und sprachen angeregt miteinander.

Azur wandte sich den Gästen zu und rief einen jungen Mann herbei. »Darren, kommst du bitte? Ich möchte dich mit einer meiner besten Studentinnen bekannt machen.« Kaum hatte sich der Angesprochene in Bewegung gesetzt, verschwand Azur.

Darren war Doktorand der Physik. Er brachte Peri ein Glas Champagner, war sehr höflich und verfügte über exzellente Manieren. Er machte ihr Komplimente für ihren »exotischen« Akzent, als hätte sie sich dieses Lob verdient, und fragte sie nach ihrer Herkunft. Selbst zu reden war ihm allerdings noch wichtiger, und er tat es in rasendem Tempo. Ja, er war intelligent, ehrgeizig – und gierte nach Zuneigung. Er versuchte sie zum Lachen zu bringen, riss einen Witz nach dem anderen, wohl weil er gelesen hatte, dass Männer mit Humor bei Frauen ankämen, verdrehte dabei allerdings die Augen, als fände er seine Darbietung selbst nicht sonderlich lustig. Trotzdem, ein netter Kerl. Der Typ Mann, der seine Freundin liebte und respektierte und nicht mit ihr konkurrierte, sagte sich Peri.

Dennoch war ihr klar, dass es zwischen ihnen nie mehr als einen kleinen Flirt geben würde. Aber warum musste das so sein? Warum fühlte sie sich nicht hingezogen zu diesem freundlichen, umgänglichen, etwa gleichaltrigen Jungen, der ihr wahrscheinlich gutgetan hätte? Stattdessen verzehrte sie sich heimlich nach dem Professor, einem Mann, der nicht nur alt, unvertraut und unerreichbar war, sondern schlicht der Falsche. Wie merkwürdig, dass das Glück sie nicht interessierte, sie noch nie interessiert hatte – Glück, dieses Zauberwort, Thema so vieler Bücher, Workshops und Fernsehsendungen. Sie wollte nicht etwa unglücklich sein, natürlich nicht. Aber die Suche nach dem Glück erschien ihr nicht als ein lohnenswertes Ziel im Leben. Wie hätte sie es sonst zulassen können, einen Mann wie Azur heimlich zu verehren?

Sie atmete durch. Ein für sie völlig neues Gefühl von Verwegenheit überkam sie und hüllte sie ein wie schweres Parfüm. Sie fragte sich, ob auch andere spürten, dass sie sich innerlich veränderte. Hinter den Höflichkeitsfloskeln, hinter dem gekünstelten Lächeln des gesellschaftlichen Lebens lag eine Grenze, und diese Grenze trennte die verantwortungsbewussten Menschen von den streitsüchtigen Außenseitern und den furchtlosen Abenteurern. Diese Grenzlinie, dünn wie ein Flüstern, aber bodenlos tief, hielt anständige türkische Mädchen davon ab, in Schwierigkeiten zu geraten. Wie es wohl wäre, sich dieser Kluft langsam zu nähern, so dicht an sie heranzugehen, dass spürbar wurde, wo die feste Erde unter den Füßen schwand und die Leere begann, und sich dann einfach hinabfallen zu lassen?

Sie war weder mutig noch exzentrisch, doch an irgendeiner Stelle auf dem Weg durch ihre Jugend war die Saat des Unkonventionellen in ihr Herz gelegt worden, hatte unbemerkt gekeimt und wartete darauf, die Erddecke zu durchbrechen. Die stets so brave, vorsichtige, ausgeglichene Nazperi Nalbantoğlu sehnte sich danach, gegen die Regeln zu verstoßen, sehnte sich nach der Sünde.

Marlene Streeruwitz
* 28. Juni 1950, Baden (Österreich)

Geladen

Sie suchte nach der Adresse vom Frankfurter Hof. Wie kam man nun da wieder hin. Aber es schien ganz einfach. Überhaupt schien es mit den Adressen in Frankfurt ganz einfach zu sein. Dann suchte sie nach der Deutschen Bank. Welcher Turm war das nun genau, in dem das alles passierte. Sie fand zuerst das Logo der Deutschen Bank. Ein fettes schwarzes Quadrat um einen genauso fetten schwarzen Schrägstrich. Der Schrägstrich stünde für kontinuierliches Wachstum. Das war in der Erklärung im Internet zu lesen. Das Quadrat wiederum stünde für Sicherheit und kontrolliertes Umfeld. Sie schaute auf das Logo. Sie drehte das iPhone. Das Bild schwankte und fiel dann in das Querformat.

Das war doch ein Schlitz. Dieser Schrägstrich. Wenn sie das Quadrat aufstellte, dann war das ein Schlitz. So ein schräger Schlitz wie für einen Kaugummiautomaten. Oder Getränke. Ein Schlitz zum Hineinstecken. Sie schüttelte den Kopf. Fut, fiel ihr ein. Möse. Aber das wollte sie nicht denken. Denken müssen. Aber Wachstum in einem kontrollierten Umfeld. Das war schon die Beschreibung einer Schwangerschaft. Und das Quadrat aufgestellt eine Mandorla. Da schauten sie also drauf. Die Banker. Seit 1972 schauten die Banker auf dieses Wachstum in einem kontrollierten Umfeld. Leistung aus Leidenschaft. Das war das Motto der Deutschen Bank. Ja. Das passte alles sehr gut zusammen. Dieses Logo bildete eine innige Einheit von Symbol und sprachlicher Deutung. Eine gute Religion. Leistung aus Leidenschaft. Die Griechen und Griechinnen, die sie kannte. Die hätten da zugestimmt. Fucked.

They were fucked. Das war die Mission. Das mit der Leidenschaft. Mission Statement der Deutschen Bank stand als Überschrift über einem Eintrag.

Sie musste aufstehen. Sich bewegen. In Bewegung geraten. In Bewegung sein. Ein Begehren. Wollust. Plötzlich. Ganz plötzlich und ein Überfall. Dieses Begehren. War das, weil sie so viel an Marios denken musste, wenn sie sich über die Deutsche Bank informierte. Wie hing das zusammen. Aber wenn Marios jetzt da irgendwo gewesen wäre. Sie hätte mit ihm. Jetzt. Sofort. Und dann liegen und der Erschöpfung Platz machen und gleich wieder schlafen. Alles wegschlafen.

Sie hatte aufstehen müssen. Unter diesem Überfall heraus. Sich herauswinden. Unter diesem Wünschen hervor, das von außen über sie. Von oben auf sie und von der Haut außen in die Mitte und dann doch wieder auf der Haut zu spüren war. Sich in seine Arme werfen. Sie musste gehen. Von dieser Stelle weg. Sie fühlte sich schwer atmen.

Mami, dachte sie. Aber das war falsch. Sie konnte nicht ihre Mutter anrufen, wenn sie diese Art von Sehnsüchten hatte. Diese Art von Sehnsucht. Sie wurde wütend. Warum war sie in dieser Situation. Warum war das alles so schwierig. Warum fühlte sie sich nicht jung und gesund und ganz. Warum fühlte sie sich elend. Ihr war elend. Als hätte sie etwas wahnsinnig Fettes gegessen. Die Übelkeit in der Mitte des Bauchs. Das Leben von Tieren, das sich in ihr zersetzte. Aber sie hatte kein Fleisch gegessen. Sie war nicht das Grab von Tierischem. Die Umwandlungsfabrik von Kadavern. Sie wollte ihren Liebsten. Oder was wollte sie. Doch nicht irgendeinen. Irgendeinen Mann. Das konnte doch nicht sein. Aber wahrscheinlich war es nur so etwas mit den Energien. Aufladungen. Vielleicht sollte sie noch weniger essen.

Annemarie Schwarzenbach

* 23. Mai 1908, Zürich (Schweiz)
† 15. November 1942, Sils (Schweiz)

Machtlos

Was soll ich sagen von einer Sehnsucht, die so heimlich und so gewaltig war, weil ich nie von ihr sprechen durfte und mich doch nicht eine Stunde von ihrer süßen und lockenden Gegenwart trennen konnte –

Ich versuchte, mir auch die Gedanken zu versagen, sie zurückzudrängen oder ihnen einfach ein »unmöglich« entgegenzusetzen, dessen Berechtigung nahe lag: Denn wie hätte ich auch im kühnsten meiner Träume glauben dürfen, man werde mich diesen Winter an denselben Ort fahren lassen, der in aller Augen so unglückliche Folgen für mich gehabt hatte.

Und deshalb auch wurden Zimmer in P. bestellt, wohin ich, unter aufrichtigsten Versprechungen, schließlich mit meinem Onkel und dessen jungen Söhnen abreiste. – Ich war sehr müde und glaubte, nichts zu wünschen als ein wenig Ruhe und sehr viel Sonne inmitten einer schönen Landschaft, der ich keinerlei Gefühle entgegenbrachte –

Aber schon in Chur ergriff mich leise Unruhe, freudige Bewegung machte sich ringsum bemerkbar, der frische Hauch der nahen Berge versetzte uns in eine entzückte Fröhlichkeit. Zugleich schmiedete Franz die ersten Pläne und erklärte, man könne Wolfgang und Lucy in einer Stunde Schlittenfahrt bequem erreichen, um dann mit ihnen gemeinsam Weiteres zu unternehmen – überhaupt seien seine sämtlichen Freunde in der Gegend verstreut, und wir sollten uns nicht etwa auf ein ruhiges Familienleben freuen. –

Ich antwortete, es sei mir nicht viel an Unternehmungen gelegen, aber bereits steckte darin eine feine Lüge, denn die Möglichkeit, Ena in einer Stunde zu erreichen, hatte mich mit beängstigender Gewalt ergriffen – noch gestand ich mir den Grund meiner Erregung nicht ein, aber ich war so gefangen davon, dass alles Andere daneben zu Belanglosigkeit herabsank.

Am nächsten Tag war es Franz, der mir kurz nach dem Lunch den Vorschlag machte, nach M. zu fahren – ich hatte darauf gewartet mit jener unerklärlichen Sicherheit, die uns oftmals die Entscheidungen erspart und vorwegnimmt, als hätte ein gütiges Schicksal unsere Schwachheit erkannt und helfe uns nun, seinen ohnehin bestimmenden Wegen schmerzlos zu folgen. – Mein Onkel war mit Teddy auf dem Eis und konnte uns deshalb nicht aufhalten, Franz aber brannte anscheinend darauf, seine Freunde in M. zu sehen, und redete von allerhand Verabredungen, die er treffen wollte, um der Langeweile dieses öden Nestes zu entfliehen. – Wir hatten inzwischen den Wald erreicht, der Weg begann zu steigen, wir aber liefen noch rascher, als gelte es, die Hügel in möglichst kurzer Zeit zu überwinden, und atemlos langten wir endlich am Rande des Sees an, der sich weiß und in der Sonne glitzernd vor uns ausbreitete. Wir hielten einen Augenblick, und nun fühlte ich erst eine Beklemmung in mir, die bisher von der Eile des Entschlusses und von der Anstrengung unseres Laufs betäubt gewesen war. Ich versuchte, meine Gedanken zu sammeln, ihnen eine Erklärung abzuringen für mein Tun, die Angst der vergangenen Nacht kehrte wieder, und ich wusste nicht, ob es Not des bedrängten Gewissens war oder die Machtlosigkeit gegenüber diesem Bösen und Starken, welches meine Sehnsucht hieß –

Ich wiederholte die Worte »ein Böses und Starkes«, und es schien mir sinnlos – und ich fuhr fort: »welches meine Sehnsucht ist«, und darin war Süße und Schwere des Augenblicks, vereint mit der kaum zu ertragenden Spannung eines Kommenden. Die Landschaft war mir vertraut, ich fühlte mich mit ihr verbunden, und lauschte: ob daraus keine Sicherheit kommen wolle, und weil ich doch glücklich war (irgendwo hatte die Angst keinen Zugang gefunden), so sagte ich, dass ich ein Recht hätte, oh gewiss, ein Anrecht auf Sehnsucht und ein Recht, ihr zu folgen ... Aber ein Recht zu haben war so sinnlos, es erschien mir sogar lächerlich und beschämte mich auf eine sonderbare Weise –

Wir hatten unterdessen auch den letzten Teil des Weges zurückgelegt, und ich wunderte mich, dass ich so ehrlich mit meinen Gedanken rang und doch keinen Augenblick zögerte, weiterzugehen: Als gelte es gar nicht, etwas zu verhindern ...

Am Eingang des Hotels ließen wir uns die Ski abnehmen, die schwere Drehtüre wurde in Bewegung gesetzt, und in der Halle verabschiedete sich Franz eilig von mir: Ich würde sicher Bekannte finden und mit ihnen Tee trinken, und wenn es mir recht sei, könnten wir uns um sechs Uhr beim Autobus treffen.

Damit war ich plötzlich allein und meiner eigenen Entscheidung überlassen. Ich fühlte es jäh wie ein Erbleichen und sah unsicher nach allen Seiten, als suchte ich etwas, um mich daran festzuhalten. Der Concierge, dem ich mich zuwandte, erkannte mich und fragte nach meinen Wünschen – und ich wollte ihm antworten, aber ich merkte jetzt erst, dass ich am ganzen Leib zitterte: Meine Stimme war unnatürlich heiser, als ich nach Enas Zimmernummer fragte. Dann folgte ich dem Mann mit den Augen, unbegreiflich schien mir, dass er meine Frage mit Selbstverständlichkeit aufnahm, seine Hände griffen nach einer Schachtel, und zugleich antwortete er: »Warten Sie – ich glaube es ist Nr. 510 –, richtig, hier haben wir es.« Er nahm einen rechteckigen Zettel aus der Schachtel und fügte hinzu: »Soll ich anfragen, ob Frau Bernstein oben ist?« Mit großer Anstrengung sagte ich, es sei nicht nötig, und ging die Stufen der Treppe hinunter. Vor dem Lift blieb ich stehen, und läutete. Auch dabei zitterte meine Hand. Vor meinen Augen verschwamm das bewegte Leben der Teestunde, Stimmengewirr schlug an mein Ohr, ich sagte mir, dass vielleicht Bekannte hier seien und mich verraten könnten, ja, ich hatte sogar die bewusste Empfindung, beobachtet zu werden, und es steigerte noch die qualvolle Spannung meiner Nerven. –

In diesem Augenblick öffnete sich die Türe des Lifts, und eine Dame in weißem Mantel ging rasch am wartenden Boy vorbei. Ich erkannte in namenloser Bestürzung Enas klare und herbe Züge, und zugleich ergriff mich die strahlende Kraft ihrer Augen. Mir war, als müsse ich mich ihr entgegenwerfen, als müsse ich aufschluchzen in einer qualvollen Seligkeit –

Sie erkannte mich, überrascht trat sie auf mich zu, fragte, wie mir schien mit gedämpfter Stimme, woher ich komme und ob meine Verwandten wüssten, dass ich hier sei. Ich antwortete »nein« und fühlte die Blicke einiger Damen, die sich an einem nahen Tisch nach uns umwandten. Aber Ena hatte inzwischen dem wartenden Boy gewinkt, sie schob mich in den Lift, und bevor ich zur Besinnung kam, waren wir, ich weiß nicht wie, in ihrem Zimmer angelangt.

Zeruya Shalev
13. Mai 1959, Kibbuz Kinneret (Israel)

Hungrig

Nun, was hast du zu erzählen, sagte er, und ich war verwirrt, nichts, eigentlich, was hatte ich mit ihm zu tun, was konnte ich diesem völlig Fremden erzählen, es gab kein Thema, mit dem ich anfangen könnte, und er fragte, was hast du in den letzten Wochen gemacht, und ich dachte mit plötzlicher Beschämung an die qualvollen, schrecklichen, langsamen Tage, an die Reue, an die schrille Begierde, wie ein Alptraum kam mir das alles plötzlich vor, lang und kompromißlos, wie eine Krankheit, für die man sich schämt, nachdem man gesund geworden ist, und ich sagte, es war schwer, genau wie er seine Reise genannt hatte, und versuchte sogar, seinen ersten wichtigtuerischen Gesichtsausdruck zu imitieren. Warum, was war so schwer, fragte er vollkommen unschuldig, als habe er gar nichts damit zu tun. Doch die ganze Zeit hatte ich das Gefühl, daß diese Fragen auf etwas Bestimmtes abzielten, das war kein Zufall, wie seine Zufriedenheit an der Tür nicht zufällig gewesen war, und ich sagte, du weißt, warum, und er sagte, keine Ahnung, und ich flüsterte, weil ich dich wollte. Mich? Er lächelte demonstrativ überrascht, wirklich? Ja, sagte ich, dich, und wiederholte, es war schwer, denn eigentlich wußte ich nicht, wie man so etwas nannte, so unmöglich hörte es sich in dieser glänzenden Küche an, und er fragte, aber warum, und ich flüsterte, weil ich mich für die Worte schämte, ich liebe dich, und er lächelte wieder wie ein Lehrer, der es endlich geschafft hatte, die richtige Antwort aus seiner Schülerin hervorzulocken, und fragte, warum, was liebst du an mir? Und ich hatte das Gefühl, daß genau dies der Punkt war, auf den das Gespräch hinsteuern sollte.

Was ich an ihm liebte? Ich kannte ihn doch gar nicht, was konnte ich schon an ihm lieben, und trotzdem, wenn ich es gesagt hatte, mußte ich dazu stehen, und so zögerte sich meine Antwort hinaus, und je länger sie sich hinauszögerte, um so verlegener wurde ich, dabei merkte ich, daß er angespannt wartete, und schließlich stotterte ich, ich weiß nicht, ich kann nicht klar beantworten, was ich an dir liebe, und trotzdem weiß ich, daß ich dich liebe.

Wie kannst du mich dann lieben, er hörte sich enttäuscht an, fast aggressiv, das ist also nur eine ungedeckte Aussage.

Wieso denn, ich fühlte mich verwirrt, ich kannte ihn wirklich kaum, aber manchmal kommt die Liebe vor dem Kennenlernen, wie eine Art inneres Wissen, doch in dem Moment wußte ich, daß ich tatsächlich leere Phrasen von mir gab, denn das war keine Liebe, wie sollte es Liebe sein, und er sagte, wie als Rache für die ausbleibende Antwort, ich muß los. Nein, geh nicht, platzte ich hysterisch heraus, als würde meine Welt erneut zusammenbrechen, wenn er jetzt ginge, und er richtete sich wichtigtuerisch auf und sagte, schau mal, Ja'ara, du bist nicht vorsichtig genug, und so, wie du Dinge behauptest, ohne zu wissen, warum, so könntest du auch Dinge tun, ohne daß du weißt, warum, Dinge, für die es dir an der notwendigen seelischen Kraft fehlt. Das richtige Leben verlangt schwere Entscheidungen, deren Folgen du nicht unbedingt aushalten kannst, deshalb bleib lieber bei dem Leben, das du hast. Hör zu, du darfst nicht zulassen, daß jedes erstbeste Hindernis den vorgesehenen Lauf der Dinge stört, und ich, fast erstickend vor lauter gutem Willen, Stärke und Kraft zu beweisen, sagte, aber wie weiß man, was ein Hindernis ist und was der vorgesehene Lauf der Dinge? Und er sagte, ich glaube, man weiß das, ich glaube, daß jeder, der einen Fehler macht, das von vornherein weiß, er kann sich nur einfach nicht beherrschen. Die Überraschung liegt vielleicht in der Größe des Fehlers, aber nicht in der Tatsache seines Auftretens.

Doch diese gewichtigen Worte hinderten seine braune Hand mit den langen Fingern nicht, sich auf mein Knie zu legen, und ich streichelte einen Finger nach dem anderen, ich wagte nicht, alle auf einmal zu berühren, dafür schob ich seine Hand schließlich nach oben, unter meinen Rock, und er ließ sie dort, nicht an der Stelle, die ich wollte, aber doch ganz in der Nähe, so nahe, daß ich das Gefühl hatte, es könne mir jeden Moment kommen, und vor lauter Aufregung konnte ich den Kaffee nicht austrinken, ich dachte die ganze Zeit an seine langen Finger, die vor der Tür zu meinem Körper innehielten.

Aber dann zog er plötzlich seine Hand zurück, als hätte ihn etwas gestochen, und warf demonstrativ einen Blick auf seine Uhr, eine riesige schwarze Uhr ohne Zahlen und mit durchsichtigen Zeigern, ich konnte nicht erkennen, wie spät es war, ich wußte nur, daß es nicht gutgehen würde, und er stand schnell auf, ich muß weg, es ist schon spät, aber ich wollte nicht aufgeben und dachte die ganze Zeit, wie schaffe ich es, ihn zurückzuhalten, und dann sagte ich, ich muß zur Toilette, er zeigte mir ungeduldig den Weg, und ich setzte mich auf den Toilettendeckel, in Kleidern, und überlegte, wie kann ich ihn aufhalten, wie kann ich ihn beherrschen, und dann wusch ich mir die Hände vor dem Spiegel und sah plötzlich im Waschbecken ein rotes Haar, glatt und gerade, es wollte davonschwimmen, doch ich erwischte es im letzten Moment, bevor es durch den Ausguß schlüpfen konnte, ich betrachtete es so lange, bis ich keine Zweifel mehr hatte, von welchem Kopf es stammte. Vor mir sah ich, wie in einem Rückspiegel, ihr Bild und drehte mich mißtrauisch um, als würde mich diese geheimnisvolle Nichte gleich anfallen, hier, aus der Badewanne heraus, und tatsächlich entdeckte ich am Wannenrand noch ein Haar, diesmal ein Schamhaar, gelockt und etwas dunkler, und dachte, was soll das bedeuten, wohnt sie hier? Mit ihm und seiner Frau? Einen Moment lang beruhigte es mich, daß sie offensichtlich wirklich zur Familie gehörte, trotzdem kam mir etwas daran noch immer zweifelhaft vor, und wie um meinen Protest zu zeigen, zog ich mir ein Haar aus und legte es neben das andere ins Waschbecken, ich wollte auch das Schamhaar nicht allein lassen, deshalb legte ich eines von mir daneben, das dem anderen überraschend ähnlich sah.

Als ich wieder ins Wohnzimmer kam, sah er ruhiger aus, und er sagte, ich habe einen Anruf bekommen, die Verabredung ist verschoben, ich habe noch ein paar Minuten Zeit, und ich bedauerte, daß ich kostbare Minuten im Badezimmer vergeudet hatte, aber ein bißchen wunderte ich mich auch, denn ich hatte kein Telefonklingeln gehört, und ich setzte mich neben den blauen Hocker, der Kaffee war schon ganz kalt geworden, und sein konventioneller Gesichtsausdruck bedrückte mich, ich überlegte, wie geht es weiter, was kann man tun, und da fragte er, was willst du eigentlich? Ich, vor lauter Bedrücktheit, sagte, was willst du? Hast du keinen eigenen Willen? Und er sagte, ich habe einen eigenen Willen, aber es gibt kein Gleichgewicht zwischen uns, du bist so hungrig, und ich bin so satt. Sofort nahm ich die Finger von der angenagten Schokoladenkugel, versuchte, seine Worte zu ignorieren, und wußte doch, daß er recht hatte, ich fühlte, wie der Hunger mich innerlich auffraß, das war das Wort, Hunger, nicht Begierde, denn ein Verhungernder ißt alles, und dann betrachtete er meine Hände, die manikürten Fingernägel, und auch ich betrachtete seine Hände, überlegte, wie ich sie zu mir zurückbekommen könnte, und hörte ihn in entschiedenem Ton sagen, ich werde heute nicht mit dir schlafen, Ja'ara, und ich, aus lauter Verwirrung, fragte, warum nicht, und er sagte, weil ich heute schon mit einer Frau geschlafen habe, er sprach ganz ernst, als würde er sagen, ich habe heute schon Rindfleisch gegessen, und der Arzt erlaubt mir nicht, zweimal am Tag Fleisch zu essen. Na und, sagte ich, und er sagte, ich schlafe nicht an einem Tag mit zwei verschiedenen Frauen, ich habe meine Prinzipien, und die ganze Zeit hoffte ich, daß er nur Spaß machte […].

Betty Kurth (Vera)
* 5. Oktober 1878, Wien (Österreich)
† 12. November 1948, London (England)

Ungeduldig

2. Oktober.
Heute hatte ich mit Georg einen kleinen Streit, der für einige Stunden eine Verstimmung zwischen uns legte. Mein lieber Georg war fuchsteufelswild vor Eifersucht; Hans Waldau, der mich vor Jahren in Tanzstundenzeiten liebte, hatte die Kühnheit, mir die Hand zu küssen. Dieses Verbrechen konnte Georg ihm nicht verzeihen und machte mich dafür verantwortlich.

»Meine Braut hat sich nicht von fremden Herren die Hand küssen zu lassen! Verstehst du?«

Ich versuchte ihn zu besänftigen. Umsonst. Wie ein Bergstrom brach die Flut seines Jähzorns über mich herein.

»Du hast mit ihm kokettiert! Du hast seine Blicke erwidert! Du hast ja schon einmal eine Liebschaft mit ihm gehabt. Sag' es mir nur, wenn du mir den Hohlkopf, den dummen Kerl vorziehst … Sag' es mir nur …«

Es ging lange in diesem Tone fort. Das Tyrannische, Herrschsüchtige des männlichen Wesens kam so recht zum Vorschein in all den erzürnten Worten.

Ich wäre vielleicht ernstlich böse geworden, wenn er mir nicht gerade in seiner eifersüchtigen Aufregung so süss erschienen wäre.

Es giebt keine Frau, die nicht grausam wäre, die nicht Freude empfindet, wenn der Mann ihrer Wahl leidet – aus Liebe zu ihr. …
Ich sonnte mich fast an all der grundlosen Wut.

Nach einigen Stunden bat er mich zerknirscht um Verzeihung. Da gestand ich ihm dieses Empfinden. Er lächelte nicht.

Er küsste leise die Innenfläche meiner Hand. Seine Augen waren traurig.

4. Oktober.

Ich kann wieder einmal nicht schlafen. Ein Chaos von Angstvorstellungen taucht aus dem Dämmern und führt einen wirren, gespensterhaften Reigen um meine Gedanken auf.

Ich habe die Lampe angezündet und zur Feder gegriffen, um die zusammengepressten Kräfte durch das Ventil des Ausdrucks zu verdünnen. Da sitze ich nun, schreibe dummes Wort-G'schnas nieder und betäube all das Verzweifelt-Sehnsüchtige, das in meiner Seele wühlt. ... Wenn Georg meine Sehnsucht empfinden würde und zu mir käme ... jetzt in diesem Augenblick. Wenn er leise die Thür öffnete – und meinen Namen flüsterte ... mit seiner zärtlichen, liebkosenden Stimme. ... Seine Worte sind manchmal wie gesprochene Küsse. ... Wie ich ihm entgegenfliegen würde – und mich in seine Arme schmiegen und an seiner Brust vergraben. ... Wie ich innerlich jauchzen würde in seiner Umarmung ... wie ich seine Küsse in mich trinken wollte. Ich glaube, ich müsste mich ihm geben, ganz und gar. – – – Es giebt innere Notwendigkeiten. In dieser Stunde könnte ich nicht widerstehen. Alles in mir fiebert nach einer schrankenlosen Hingabe, nach einem Untertauchen in dem Taumel besinnungsloser Liebe, den ich nur ahne.

Mir ist zu Mute, wie wenn auf meinen Nerven Ameisen kriechen würden. – – –

Ich möchte mein Kopfpolster umarmen und mein Gesicht hineinwühlen und schluchzen. ...

— — — — — — — — — — — —

Die Eruptionen meiner Leidenschaft sind schroff, plötzlich, unvermittelt, wie mein ganzes Wesen. Ich leide unter dieser erotischen Sehnsucht. ...

Ich kranke an den atavistischen Begriffsüberbleibseln meines Milieus. Die Unze Goldes, die zum Ehering geschmiedet wird, soll mir das Recht geben, meinen Körper zu verschenken – und meiner Liebe ist dieses Recht verwehrt?

Das Champagnergelage der Hochzeitsgäste und ihre frivolen Spässe sollen mir den Augenblick weisen, in dem ich meinem Geliebten ganz gehören darf?

Inzwischen soll ich meine Sinne einschläfern, meine Impulse ertöten und mich in einen Käfig von Konvenienz sperren?

Und dann aus der Kirche ins Hochzeitsbett, das die Sanktion der Gesellschaft geheiligt hat ... Wie abscheulich! Wie entwürdigend!

So ökonomisch notwendig die Ehe als gesellschaftliche Institution für die Masse mir erscheint, so entehrend erscheint es mir für den Liebesbund der einzelnen, diesen Augenblick e r w a r t e n zu müssen. ...

Ich rassle mit den Ketten, ohne die Kraft, sie zu zerbrechen. — — —

5. Oktober.

Heute morgen – ich war bereits in meine normale Empfindungslage zurückgeschnappt – kam Georg zu einer ungewöhnlich zeitlichen Stunde – ohne anzuklopfen in mein Zimmer gestürzt. Ich trug ein lichtes Morgenkleid und war gerade im Begriff mein Haar durchzukämmen. Er murmelte weder eine obligate Entschuldigung, noch den üblichen Begrüssungsgruss. Statt dessen packte er mich, presste mich an sich, küsste mich heftig auf den Mund.

Seine Zähne wühlten sich in meine Lippen und bissen sie blutig. In furchtbarer Erregung keuchte er: »Vera, ich habe mich heute nacht so rasend nach dir gesehnt!«

Ich war unfähig ein Wort zu erwidern. Ich glaubte in diesem Augenblick an ein Wunder. Während dieses seltsame Zusammentreffen doch nichts anderes war, als ein notwendiger Gefühlsweg, den wir, vielleicht angeregt durch dieselbe Aeusserlichkeit, gemeinsam zurückgelegt hatten.

Georg war fassungslos, wie ich ihn noch nie gesehen. Er liess mein Haar wie verzückt durch seine Finger gleiten. Die andere Hand klammerte sich schmerzhaft um meinen entblössten Unterarm. Seine Wangen brannten. Seine Augen frassen mich förmlich. Dabei wimmerte er leise wie ein angeschossenes Tier. Ich streichelte besänftigend seine Stirn.

»Was ist dir denn, Georg?« fragte ich.

»Das ist die Freude, Vera, die Freude!« murmelte er.

Eine sonderbare Freude! »Worüber freust du dich denn?«

»Du gehörst jetzt mir, Vera! Mir, mir ganz allein!« schrie er. Und ein neuerlicher Umarmungsparoxismus folgte.

Nachdem ich mich von ihm befreit hatte und um eine endliche, verstandesmässige Erklärung bettelte, berichtete er mir, dass er heute zum Adjunkt ernannt worden sei und dass wir heiraten müssten, heute, morgen – – so schnell es ginge. ...

Ich fühlte deutlich, wie sich in dem Augenblick mein Herzschlag beschleunigte ... wie ein Zittern durch meine Glieder rieselte ... wie ein Aufjauchzen des Glückes sich in mir losrang. ... Aber es war nur ein Moment.

Ich brachte nichts hervor als: »Wirklich? Georg, wirklich?«

»Du freust dich nicht genug«, fand er und riss mich neuerdings in seine Arme.

»Mein Weib!« flüsterte er. »Mein süsses, angebetetes Weib!« Wie seltsam er das Wort »Weib« aussprach! Die ganze starke, männliche Zärtlichkeit verkroch sich in dem Tonfall seiner Stimme. Aber auch der Triumph des uneingeschränkten Besitzes.

In diesem Augenblick trat Mutter ins Zimmer. Und ich erkannte auf den ersten Blick, dass sie über Georgs Morgenbesuch aufs höchste indigniert war.

»Georg ist Adjunkt geworden«, rief ich ihr entgegen und vereitelte so jedes vorwurfsvolle Wort.

»Morgen heiraten wir!« fügte ich mechanisch hinzu, ohne mir dabei irgend etwas zu denken.

Mutter wurde sehr blass, umarmte mich und Georg mit einer gewissen, schmerzlichen Resignation und sprach viele salbungsvolle Worte, wie sie Mütter bei solchen Gelegenheiten zu sprechen pflegen. Aber viel liebevolle Güte war darin – und auch heimliche Sorge und Betrübnis. Die Stimmung wurde feierlich, bedeutungsvoll, mit Pathos getränkt. Ich versteckte mein Gesicht an Georgs Brust und schluchzte ganz unmotiviert. Mutter wischte sich die Augen, Georg hatte seine Ruhe wiedergefunden und sprach gute sanfte Worte. Wir stritten schliesslich über den Termin der Hochzeit und konnten nicht einig werden. Es war alles programmmässig konventionell – wie in allen gut bürgerlichen Familien. …

Als ich allein war, wusste ich nur, dass mir bang und beklommen zu Mute war … und dass all das erwartete Glücksgefühl mich im Stich gelassen hatte. Ich durchforschte vergebens alle Schlupfwinkel meines Empfindens nach einem Schimmer der Freude – –

Und ich schämte mich, dass im Augenblick des Erreichens mein Enthusiasmus so gänzlich versagte. – –

Emily Dickinson
* 10. Dezember 1830, Amherst (Massachusetts, USA)
† 15. Mai 1886, ebenda

Wilde Nächte

Wilde Nächte – Wilde Nächte!
Wär ich bei dir
Wilde Nächte würden
Uns Elixier!

Was will – der Wind noch –
Das Herz liegt im Hafen –
Fort mit dem Kompaß –
Fort mit den Karten!

Landen in Eden –
Ach, das Meer!
Dürft ich doch ankern – Heute Nacht –
In Dir!

George Sand
* 1. Juli 1804, Paris (Frankreich)
† 8. Juni 1876, Nohant-Vic (Frankreich)

Unbefriedigt

Er nahm meine Tränen für ein Zeichen von Sinnenrausch und lachte. Sein Egoismus blähte sich stolz und wenn er mich in seinen Umarmungen zerdrückt hatte, schlief er ruhig neben mir ein, während ich meine Tränen zurückhielt, um ihn nicht aufzuwecken. Oh Elend der Frau! Es ist so alltäglich, daß die Gesellschaft etwas tun sollte, um es wenigstens zu mildern.

Und doch habe ich ihn leidenschaftlich geliebt, diesen Herrn meiner Wahl, den ich wie ein notwendiges Übel behandelt habe; ich habe ihn wahnsinnig geliebt. Je mehr er mich seine Herrschaft spüren ließ, desto mehr schätzte ich ihn und um so stolzer trug ich meine Kette.

Der Grund, warum ich ihn so lange geliebt habe (lange genug jedenfalls, um meine Seele völlig aufzureiben), war sicher die fieberhafte Erregung meiner Sinne, weil ich nie körperliche Befriedigung gefunden habe. In seiner Nähe packte mich immer eine rasende Gier, die aber ihre Quelle in meinem Kopf hatte, so daß sie durch keine körperliche Vereinigung beruhigt werden konnte. Meine Brust war von einem unauslöschlichen Feuer zerrissen, das seine Küsse nicht einmal streiften. Ich drückte ihn mit übermenschlicher Kraft in meinen Armen, und dann fiel ich völlig erschöpft neben ihn hin, entmutigt, daß es gar keine Möglichkeit gab, ihn von meiner Begeisterung zu überzeugen. Meine Gier war ein Feuer meiner Seele; es war eine wütende Raserei, die sich in meinem Kopf ausbreitete und sich auf ihn auch beschränkte. Mein Blut war kalt. Also hätte ich so sterben sollen. Der Egoist hat nie eingewilligt, mir den Hals zuzudrücken an seiner Brust; aber das war die einzige Hoffnung für meine Lust. Ich hoffte, ich könnte die Süße der Liebe und die Erschlaffung im Arm des Todes erleben.

Wenn er erschöpft war und satt, schlief er ein und ich blieb unbeweglich und erstaunt neben ihm. Ich habe Stunden damit verbracht, ihm beim Schlafen zuzusehen. Er schien mir so schön zu sein, dieser Mann! Er hatte so viel Kraft und Größe auf seiner ruhigen Stirn! Mein Herz hat wild geschlagen neben ihm; mein aufgeregtes Blut stieg mir ins Gesicht; unerträgliches Zittern durchlief meine Glieder. Ich war versucht, ihn zu wecken, ihn in meine Arme zu nehmen und das nachzuholen, was ich zu genießen versäumt hatte. Aber ich widerstand diesen verlogenen Versuchungen, weil ich wußte, daß er mein Leid doch nicht beruhigen konnte: Gott hätte es gekonnt, wenn er die zerstörerische Kraft meiner Seele aufgehoben hätte. Also habe ich den Teufel Hoffnung bekämpft, der immer mit mir gewacht hat. Ich floh dieses lüsterne elende Bett, diesen Tabernakel der Liebe, das Grab meiner Illusion und meiner Kraft. Ich ging auf dem kalten Marmor meiner Wohnung, ich hielt meinen feurigen Kopf dem Nachtwind hin, dann habe ich mich auf die Knie geworfen und Gott angefleht, mich neu zu schaffen; wenn er mir versprochen hätte, mein müdes Blut auszuwechseln, hätte ich mich wie Eson erdolchen und in Stücke schneiden lassen. Manchmal im Schlaf, wenn ich eingetaucht war in diese wuchernden Ekstasen, die ein strenges Gehirn zerstören, fühlte ich mich von balsamischen Winden mit ihm auf Wolken weggetragen. Ich schwamm in Fluten von unsagbarer Lust; sorglos legte ich die Arme um seinen Hals, ich fiel an seine Brust und murmelte undeutliche

Wörter. Aber wenn er aufwachte, war es um mein Glück geschehen. Anstelle dieses Engels, dieses luftigen Wesens, das mich im Wind seiner Flügel gewiegt hatte, fand ich den Mann, brutal und gefräßig wie ein wildes Tier, und erschreckt lief ich weg. Aber er verfolgte mich, er behauptete, sein Schlaf sei nicht zu Unrecht getrübt gewesen und er genoß sein Vergnügen auf der Brust einer ohnmächtigen und halbtoten Frau. Endlich war ich es so leid, daß ich schlagartig damit aufhörte. Als ich sah, wie leicht es war, dieses tödliche Band zu zerreißen, mußte ich mich wundern, so lange an seine ewige Dauer geglaubt zu haben.

Joyce Mansour
* 25. Juli 1928, Bowden (England)
† 27. August 1986, Paris (Frankreich)

Tausend Schauder

Ich will schlafen mit dir Seit' an Seite
Die Haare ineinander verschlungen
Die Geschlechtsteile miteinander verknotet
Mit deinem Mund als Kissen
Ich will schlafen Rücken an Rücken mit dir
Ohne Atem der uns trennt
Ohne Worte die uns zerstreuen
Ohne Augen die uns belügen
Ohne Kleider
Ich will schlafen mit dir Brust an Brust
Zusammengekrampft und schwitzend
Gleißend von tausend Schaudern
Verzehrt von der irren Passivität
    der Ekstase
Viergeteilt auf deinem Schatten
Gedengelt von deiner Zunge
Um zwischen deinen hohlen Hasenzähnen
    zu vergehen
Glücklich

Erica Jong
26. März 1942, New York City (New York, USA)

Lüstern

Ich war nicht gegen die Ehe. Ich glaubte sogar an sie. Man muß einen besten Freund in dieser feindlichen Welt haben, einen Menschen, dem gegenüber man sich, was auch immer geschieht, loyal und anständig verhält, einen Menschen, der diese Loyalität erwidert. Doch was wird mit all jenen anderen Sehnsüchten, dem Verlangen, das die Ehe nach einer gewissen Zeit nicht mehr stillen kann? Die Ruhelosigkeit, der Hunger, das Pochen im Bauch, das Pochen in der Möse, das süchtige Verlangen danach, zugestopft, in jede Körperöffnung gefickt zu werden, der Hunger nach trockenem Sekt und feuchten Küssen, nach dem Duft von Päonien auf einer Dachterrasse in einer Juninacht, nach dem Licht am Ende des Piers in *Gatsby* ... Verlangen nicht *wirklich* nach all dem – denn ich wußte, daß die sehr Reichen fader und stumpfer sind als Sie und ich –, doch nach dem, was diese Dinge in einem *wachrufen*. Die ironischen, bittersüßen Liebesworte in den Songs von Cole Porter, die schwermütigen, in Gefühlen schwelgenden Texte von Rodgers und Hart, all der romantische Unsinn, nach dem sich die eine Hälfte des Herzens sehnt, während die andere bitter darüber spottet.

Als weibliches Wesen in Amerika aufzuwachsen. Welche Verpflichtungen! Die Ohren randvoll mit Kosmetikreklame, Schnulzen, ganzen Kolumnen von Ratschlägen und Tips, Horoskopen, Hollywood-Klatsch und moralischen Problemen auf dem Niveau von TV-Seifenopern. Welche Litaneien die Vertreter für das ›gute Leben‹ einem einblasen! Welch sonderbarer Katechismus!

»*Ein* Wisch – körperfrisch!« »Erröten Sie mit unserer Hilfe.« »Verwöhnen Sie Ihr Haar.« »Wollen Sie eine tadellose Figur? Wir verhelfen Ihnen dazu.« »Das Leuchten auf Ihrem Gesicht sollte von *ihm* kommen, nicht von Ihrer Haut.« »Frau Königin, Ihr seid die Schönste hier, aber ...« »Wie bezirze ich die Männer aller Tierkreiszeichen?« »Die Sterne und Ihr sinnliches Ich.« »Harte Männer trinken Cutty Sark.« »Ein Diamant – ein Juwel fürs Leben.« »Wenn Sie Kummer mit Ihrer intimen Körperpflege haben ...« »Lang und kühl – das Geheimnis unserer Menthol-Zigarette!« »Wie ich das Problem meiner intimen Gerüche löste.« »Bleiben Sie *cool.*« »Alle Frauen der Welt lieben Chanel No. 5.« »Was verhilft einem schüchternen Mädchen zur Liebe?« »*Femme.* Wir haben es nach *Ihnen* genannt!«

Und was ließen all diese Reklamen und Horoskope durchblicken? Wenn Sie Ihrem Narzißmus die Zügel schießen lassen, wenn Sie sich genügend um Ihre Gerüche kümmern, um Ihre Brüste, Ihre Wimpern, Ihre Achselhöhlen, Ihre intime Körperpflege, um Ihre Sterne, Ihr Haar und um die richtige Whiskymarke in der richtigen Bar, dann lernen Sie einen schönen, kraftvollen, potenten und reichen Mann kennen, der jedes Verlangen befriedigt, jedes Loch stopft, der Ihr Herz hüpfen (oder aussetzen) läßt, bis Ihnen schwummrig wird, und mit Ihnen zum Mond fliegt (vorzugsweise auf Altweibersommerfäden), wo Sie dann, rundherum glücklich, mit ihm leben, für immer.

Und das Verrückte daran: Selbst wenn man nicht dumm war, selbst wenn man einen Großteil seiner Jugend mit dem Lesen von John Donne und Shaw zugebracht hatte, wenn man Geschichte oder Zoologie oder Physik studiert hatte und hoffte, sein Leben einem verantwortungsvollen, alle Kräfte mobilisierenden Beruf zu widmen – selbst *dann* hatte man den Kopf noch voll mit all diesen mulschigen Sehnsüchten, in denen jedes Schulmädchen bis zum Hals drinsteckte. Verstehen Sie, es machte keinen Unterschied, ob man nun einen IQ von 170 oder einen von 70 hatte – der Gehirnwäsche entging man nicht. Die Sache war nur ein wenig anders aufgezogen. Was man so redete, war ein wenig ›gehobener‹, ein wenig ›intellektueller‹. Doch unter dieser Tünche sehnte man sich danach, von der Liebe überwältigt, von ihr zunichte gemacht zu werden, von einem Riesenschwanz ausgefüllt zu werden, der Sperma, Seifenblasen, Samt und Seide und, natürlich, Geld verspritzte. Niemand machte sich die Mühe, einem zu sagen, was es mit der Ehe wirklich auf sich hatte. Es stand einem nicht einmal, wie europäischen Mädchen, eine zynische, realistische Lebensphilosophie zu Gebote. Man erwartete, daß man nach der Heirat keinen anderen Mann begehrte, ebenso wie man erwartete, daß der eigene Mann keine andere Frau begehrte. Dann kamen die Wünsche und Begierden, und panischer Selbsthaß war die Folge. Was für eine verworfene Frau du doch bist! Wie ist es bloß möglich, daß fremde Männer dich nach wie vor reizen und erregen? Wie kannst du so gebannt auf die Ausbuchtung ihrer Hose starren? Wie kannst du in einer Versammlung sitzen und dir ausmalen, auf welche Weise jeder der anwesenden Männer dich vögeln würde? Wie kannst du im Zug sitzen und dich in Gedanken mit völlig Fremden im Bett herumwälzen? Wie kannst du deinem Mann das bloß antun? Hat Ihnen je einer gesagt, daß das vielleicht mit Ihrem Mann überhaupt nichts zu tun hat?

Und die anderen Wünsche und Sehnsüchte, die die Ehe unterdrückte? Der Wunsch, von Zeit zu Zeit auszubrechen, festzustellen, ob man immer noch imstande ist, allein in seinem eigenen Kopf zu leben, festzustellen, ob man es fertigbringt, allein in einer Hütte im Wald zu leben, ohne den Verstand zu verlieren, kurz, ob man noch ›ganz‹ ist, nachdem man so viele Jahre nur die Hälfte von etwas war (wie die Hinterbeine einer Pferde-Imitation als komische Nummer).

Fünf Jahre Ehe hatten mich lüstern nach all diesen Dingen gemacht: lüstern nach Männern und lüstern nach Einsamkeit. Lüstern nach Sex und lüstern nach dem Leben eines Einsiedlers. Ich wußte, daß meine Gelüste widersprüchlich waren, und das machte die Sache nur schlimmer.

Chimamanda Ngozi Adichie
* 15. September 1977, Enugu (Nigeria)

Schwerelos

In ihrer Wohnung setzte er sich auf die Couch, und sie setzte sich so weit wie möglich von ihm entfernt in einen Sessel. Plötzlich hatte sie eine gallige Angst vor was immer er als Nächstes sagen würde. Sie wollte es nicht hören, und deswegen sagte sie heftig: »Zemaye will einen ironischen Führer für Männer schreiben, die ihre Frau betrügen wollen. Sie hat erzählt, dass ihr Freund neulich unerreichbar war, und als er schließlich wieder aufgetaucht ist, hat er behauptet, dass sein Handy ins Wasser gefallen war. Sie hat gesagt, das ist die älteste Ausrede überhaupt, das Handy ist ins Wasser gefallen. Ich fand es komisch. Ich hatte es noch nie gehört. Das wird also die Nummer eins in ihrem Führer: Sag niemals, dass dein Telefon ins Wasser gefallen ist.«

»Für mich fühlt es sich nicht so an, als würde ich betrügen«, sagte er ruhig.

»Weiß deine Frau, dass du hier bist?« Sie verhöhnte ihn. »Ich frage mich, wie viele Männer sagen, dass es sich nicht anfühlt, als würden sie betrügen, wenn sie betrügen. Ich meine, würden sie jemals wirklich zugeben, dass es sich wie betrügen anfühlt?«

Er stand auf, seine Bewegungen zielgerichtet, und zuerst glaubte sie, dass er sich ihr nähern oder vielleicht auf die Toilette wollte, doch er ging zur Wohnungstür, öffnete sie und schloss sie hinter sich. Sie starrte die Tür an. Eine lange Zeit saß sie reglos da, dann stand sie auf und schritt auf und ab, unfähig, sich zu konzentrieren, sie fragte sich, ob sie ihn anrufen sollte, argumentierte mit sich selbst. Sie beschloss, ihn nicht anzurufen; ihr missfiel sein Verhalten, sein Schweigen, seine Heuchelei. Als Minuten später an der Tür geklingelt wurde, öffnete ein Teil von ihr nur widerwillig.

Sie ließ ihn ein, und sie setzten sich nebeneinander auf die Couch.

»Tut mir leid, dass ich einfach so gegangen bin«, sagte er. »Seitdem du zurück bist, bin ich einfach nicht ich selbst, und mir hat nicht gefallen, wie du geredet hast, als wäre diese Sache etwas Gewöhnliches. Das ist sie nicht. Und das weißt du. Ich glaube, dass du das gesagt hast, um mich zu verletzen, aber vor allem, weil *du* verwirrt bist. Ich weiß, es ist schwierig für dich, dass wir uns oft sehen und viel miteinander reden und andererseits so viel vermeiden.«

»Du sprichst Code«, sagte sie.

Er sah gestresst aus und biss die Zähne zusammen, und sie sehnte sich danach, ihn zu küssen. Es stimmte, dass er intelligent und selbstsicher war, doch er hatte auch etwas Unschuldiges, ein Selbstvertrauen ohne Ego, etwas Zurückgeworfenes in eine andere Zeit, an einen anderen Ort, und das fand sie liebenswert.

»Ich habe nichts gesagt, weil ich manchmal einfach so glücklich bin, nur weil ich mit dir zusammen bin, und das will ich nicht kaputtmachen«, sagte er. »Und weil ich was zu sagen haben will, bevor ich es sage.«

»Ich fasse mich selbst an und denke dabei an dich«, sagte sie.

Er starrte sie an, etwas aus dem Gleichgewicht gebracht.

»Wir sind keine Singles, die einander den Hof machen, Decke«, sagte sie. »Wir können nicht leugnen, dass wir uns voneinander angezogen fühlen, und darüber sollten wir vielleicht sprechen.«

»Du weißt, dass es nicht um Sex geht«, sagte er. »Dass es nie um Sex ging.«

»Ich weiß«, sagte sie und nahm seine Hand. Zwischen ihnen gab es ein schwereloses, grenzenloses Verlangen. Sie neigte sich zu ihm und küsste ihn, und zuerst reagierte er bedächtig, doch dann zerrte er an ihrer Bluse, schob die Schalen ihres BHs herunter, um ihre Brüste zu befreien. Sie erinnerte sich deutlich an seine feste Umarmung, und doch hatte ihre Vereinigung auch etwas Neues; ihre Körper erinnerten sich und erinnerten sich nicht. Sie berührte die Narbe auf seiner Brust und erinnerte sich von neuem an sie. Den Ausdruck »sich lieben« hatte sie immer als ein bisschen rührselig empfunden; »Sex haben« fühlte sich wahrhaftiger an, und »ficken« war erregender, aber als sie danach neben ihm lag, beide lächelnd, manchmal lachend, ihr Körper von Frieden erfüllt, dachte sie, wie treffend er war, der Ausdruck »sich lieben«. Sogar ihre Nägel waren erwacht, jeder sonst taube Körperteil war erwacht. Sie wollte sagen: »Es ist keine Woche vergangen, in der ich nicht an dich gedacht habe.« Aber stimmte es? Selbstverständlich gab es Wochen, in denen er unter den Schichten ihres Lebens begraben gewesen war, aber es *fühlte* sich wahr an.

Sie setzte sich auf und sagte: »Mit anderen Männern habe ich immer die Decke gesehen.«

Er lächelte ein langes, bedächtiges Lächeln. »Weißt du, wie ich mich lange gefühlt habe? Als würde ich darauf warten, glücklich zu sein.«

Else Lasker-Schüler
* 11. Februar 1869, Elberfeld
† 22. Januar 1945, Jerusalem (Israel)

Nervus Erotis

Dass uns nach all' der heissen Tagesglut
Nicht eine Nacht gehört ...
Die Tuberosen färben sich mit meinem Blut,
Aus ihren Kelchen lodert's brandrot!

Sag' mir, ob auch in Nächten Deine Seele schreit,
Wenn sie aus bangem Schlummer auffährt,
Wie wilde Vögel schreien durch die Nachtzeit.

Die ganze Welt scheint rot,
Als ob des Lebens weite Seele blutet.
Mein Herz stöhnt wie das Leid der Hungersnot
Aus roten Geisteraugen stiert der Tod!

Sag' mir, ob auch in Nächten Deine Seele klagt
Vom starken Tuberosenduft umflutet,
Und an dem Nerv des bunten Traumes nagt.

Erglühen

Zadie Smith
* 25. Oktober 1975, London (England)

Planlos

Ganz sachlich gesehen ist eigentlich die Frau daran schuld, dass sie nie über Kinder gesprochen haben. Aus irgendeinem Grund ist sie nie auf den Gedanken gekommen, diese ganze Wahnsinnsvögelei könnte auf ein ganz bestimmtes, völlig offensichtliches Ziel zusteuern. Sie fürchtet sich vor diesem Ziel. Sachlich bleiben! Was ist das für eine Furcht? Sie hat mit Tod und Zeit und Altern zu tun. Ganz einfach: Ich bin achtzehn in meinem Kopf bin ich achtzehn und wenn ich nichts mache wenn ich mich einfach nur ganz ruhig verhalte dann ändert sich daran auch nichts und ich bleibe immer achtzehn. Für immer. Die Zeit steht still. Ich werde niemals sterben. Eine sehr banale Furcht. Die hat doch heutzutage jeder. Was noch? Sie ist einfach glücklich in dem Augenblick, in dem sie sich befinden. Sie hat das Gefühl, genau das zu verdienen, was sie hat, nicht mehr und nicht weniger. Mit jeder Veränderung riskiert sie, das Gleichgewicht gefährlich ins Wanken zu bringen. Warum muss sich dieser Augenblick denn verändern? Manchmal schneidet der Mann eine rote Paprika in der Mitte durch und leert die Samen in eine Plastikschüssel und gibt seiner Frau eine Zucchini zum Würfeln und sagt:
Hund.
Auto.
Wohnung.
So zusammen kochen.

Vor sieben Jahren hast du von Stütze gelebt. Ich habe Haare gewaschen.

Die Dinge ändern sich! Wir kommen voran, stimmt's?

Die Frau weiß nicht, wo »voran« ist. Sie wusste gar nicht, dass sie aufgebrochen sind, und auch nicht, woher der Wind weht. Sie will nicht vorankommen. Wenn sie ehrlich ist, hat sie geglaubt, sie würden für immer nackt zwischen den Laken liegen und nie etwas anderes erreichen als Befriedigung. Wozu muss Liebe sich denn »weiterentwickeln«? Wo ist »weiter«? Kein Mensch kann behaupten, sie wäre nicht gewarnt worden. Das kann wirklich keiner behaupten. Eine Fünfunddreißigjährige, die mit dem Mann verheiratet ist, den sie liebt, ist nun wirklich gewarnt, sie sollte aufpassen, zuhören und nicht aus allen Wolken fallen, wenn ihr Mann sagt

– so viele Tage, an denen eine Frau fruchtbar ist. Nur drei, glaube ich. Es bringt also nichts, einfach zu sagen: ›Es kommt, wenn es kommen soll.‹ So jung sind wir nicht mehr. Wir müssen das ein bisschen, also, militärischer angehen, einen Plan machen und so.

Sachlich gesehen hat er recht.

Benoîte Groult

* 31. Januar 1920, Paris (Frankreich)
† 20. Juni 2016, Hyères (Frankreich)

Unersättlich

»Ich wußte doch, daß wir uns eines Tages wiederfinden würden, ich wußte es«, antwortete er und streichelte mein Gesicht, um es besser zu sehen, dann tastete er sich langsam unter der Bluse über meine Schultern, über den Nacken hinab zur Taille, formte mich behutsam aus dem wunderbaren Material der Erwartung.

Ich hatte nicht gerade oft in meinem Leben mit einem Mann geschlafen. Mit zwanzig Jahren hatte ich bisher erst Gilles, meinen Initiator, erlebt, der mich in nichts eingeweiht hatte, denn beide wußten wir so gut wie nichts vom Gebrauch der Geschlechtsorgane. Und dann noch Roger, dessen Intelligenz mich vor Bewunderung stumm und des Urteils unfähig machte, selbst dann, wenn er mich zwischen zwei Physikreferaten auf der marokkanischen Decke in seiner Studentenbude – fließend Wasser auf der Treppe – in fünf Stößen absolvierte, wobei die vorangehenden Kitzel-Streichel-Knutschaktionen, die als Starthilfe gedacht waren, auch nicht langatmiger ausfielen. Ich muß unwillkürlich jedesmal daran denken, wenn ich einen Geiger sehe, der mit der Mittelfingerspitze eine Saite seines Instrumentes zum Vibrieren bringt und sie wieder losläßt, wenn die gewünschte Wirkung erzielt oder vermeintlich erzielt wurde. Während der Penetration machte er sich freundlicherweise die Mühe, ein paar »Ich liebe dich« zu gurgeln, und ich antwortete mit »Ich liebe dich«, um mir Mut zu machen und um diese

Viertelstunde, der ich jedesmal hoffnungsfroh entgegenfieberte und aus der ich erkennbar ohne die bei ihm eintretende Erleichterung wieder hervorging, mit ein wenig Seele anzureichern. Da er mir aber keinerlei Fragen stellte und »es« in regelmäßigen Abständen mit mir wiederholte, war ich anscheinend »in Ordnung«, und das war sie wohl, »die körperliche Liebe«, wie ich sie damals nannte. Ich mochte das Vorher lieber, er das Nachher. Vielleicht lag darin der berühmte Unterschied der Geschlechter.

Ich erinnere mich nicht, ob Gauvain damals schon ein so guter Streichler war, wie er es später wurde. In seinen Kreisen wurde damals nicht viel gestreichelt. Und damals ließ ich mich auch nicht leicht streicheln. Ich fand Roger ganz normal. Man kann doch Männer nicht langweilen mit Äußerungen wie »Nein, ein bißchen höher«, oder »Aua, das ist zu heftig ...«, oder gar »Noch ein bißchen mehr, bitte«. Denn wenn man ihnen mit solchen Forderungen auf den Wecker geht, wirkt man unersättlich, und dann gehen sie anderswohin, zu allzeit zufriedenen Mädchen, die ihren Zauberstab anbeten und ihr heiliges Salböl mit den wonneerfüllten Gesichtern von Erstkommunikantinnen trinken. Zumindest wurde dies in meinen Kreisen behauptet, und wie sollte ich das nachprüfen? Ehrlichkeit war damals nicht üblich dem männlichen Geschlecht gegenüber. Sie sprachen ja nicht die gleiche Sprache wie wir. Man gehörte zu seinem Geschlecht, wie man zu seiner Heimatgegend gehörte.

In jener Nacht fielen zum erstenmal diese Schranken, als ob sich unsere Körper schon immer gekannt hätten, und wir tasteten uns voran im Takt der gleichen Lust, bis all unsere Unterschiede sich verwischten, als ob wir aufeinander gewartet hätten, um uns zu lieben und uns ineinander aufzulösen, ohne

Ende, denn die Lust an der Lust erschöpft sich nicht durch die Befriedigung der Lust, und in der Tiefe der gerade verklingenden spürten wir schon die ersten Schwingungen der zukünftigen Lust. Wir erlebten eine jener Nächte ohne Dauer, wie sie einem nur ganz selten im Leben widerfahren.

Ricarda Huch

* 18. Juli 1864, Braunschweig
† 17. November 1947, Schönberg im Taunus

Zärtlichkeiten

SIEH mich, das Meer, das dir zu Füßen brandet,
Laß dich umschlingen, küssen, schmelzen, komm!
Wie Well um Welle stürmend dich erklomm,
Bist du ein Gott, in Element gewandet.

Laß deinen Leib von meinem Leib umgleiten!
Kein Flor, kein Hauch, kein Strahl mehr, der uns trennt.
Nur du, nur du, soweit der Blick erkennt,
Umbraust vom Mantel meiner Zärtlichkeiten.

Den Ozean, den ihre Glut durchdrungen,
Verläßt die Sonne, und mit Huld zerstörend
Tilgt ihre Schönheit die geballte Nacht.

Du laß die Welt in ewgen Dämmerungen!
Geduldger Andacht Ungestüm erhörend
Begrabe dich in meine Liebesmacht.

Chris Kraus
1955, New York City (New York, USA)

Entwöhnt

Die Platte war zu Ende, und du standst auf und machtest Kaffee. In der Küche standen wir nebeneinander, unsere Hände streiften sich aus Versehen, aber absichtlich, doch das alles war so peinlich und plump, dass wir beide uns zurückzogen. Dann sprachen wir noch etwas mehr über die Wüste, über Bücher und Filme. Schließlich sagte ich: »Schau, es wird spät. Was willst du machen?«

»Ich bin ein Gentleman«, antwortetest du verschämt. »Ich wäre nur ungern nicht gastfreundlich. Wenn du nicht das Gefühl hast, dass du noch fahren kannst ...«

»*Da*rum geht es ja gar nicht«, sagte ich brüsk.

»Ah, dann ... Willst du zu mir ins Bett kommen? Ich würde nicht Nein sagen.«

Oh, wirklich? Hatten sich die Gepflogenheiten so sehr verändert, während ich verheiratet gewesen war?

»Möchtest du mit mir schlafen oder nicht?«

Du sagtest: »Der Gedanke ist mir nicht unangenehm.«

Diese Neutralität war nicht erotisch. Ich bat dich um Enthusiasmus, doch du sagtest, du könntest mir keinen bieten. Ich versuchte es auf dieser Ebene weiter: »Schau, wenn du keine Lust drauf hast, dann wäre es sehr viel ... gentlemanmäßiger, es einfach zu sagen, und ich werde verschwinden.«

Doch du wiederholtest: »Der Gedanke ... ist mir ... nicht unangenehm.«

Nun. Wir waren Elektronen, die innerhalb eines geschlossenen Stromkreises im Kreis schwammen, immer wieder im Kreis. Kein Ausgang. *Huis Clos.* Ich hatte seit letztem Dezember jeden Tag an dich gedacht und von dir geträumt. Dich zu lieben, hatte es mir ermöglicht, mir das Scheitern meines Filmes, meiner Ehe und meiner Ambitionen einzugestehen. Route 126, der Highway nach Damaskus. Wie der heilige Paul und Buddha, die ihre großen Konversionen kurz vor dem 40. Lebensjahr erlebten, war auch ich *wiedergeboren* worden und zwar *in Dick*. Doch war das gut für *dich*?

Ich hatte die Regeln so verstanden:

Wenn man etwas sehr will, dann ist es o.k., es so lange zu verfolgen, bis die andere Person Nein zu einem sagt.

Du hattest gesagt: *Ich werde nicht Nein sagen.*

Als du also aufstandst, um die Platte umzudrehen, beugte ich mich vor und begann, meine Stiefel aufzuschnüren. Und dann wurde alles anders. Der Raum stand still.

Du kamst zurück, setztest dich auf den Boden und zogst mir die Stiefel aus. Ich griff nach dir, wir begannen zu der Platte zu tanzen. Du hobst mich auf, und nun standen wir im Wohnzimmer, meine Beine um deine Hüfte geschlungen. Du sagst zu mir: »Du bist so leicht«, und jetzt wiegen wir uns hin und her, Haare und Gesichter streifen einander. Wer wird den anderen zuerst küssen? Und dann tun wir es …

Hier einige Anwendungsmöglichkeiten der Ellipse:

• … allmähliches Ausblenden nach den ersten zehn Sekunden eines Kusses in einem von der Hays-Kommission zensierten Film.

• … in *Reise ans Ende der Nacht* zerlegt Céline seine Phrasen, um die Metapher aus der Sprache herauszujagen. Ellipsen schießen quer über die Seiten hinweg wie Kugeln. Automatische Sprache als Waffe, totaler Krieg. Wenn der Kojote das letzte überlebende Tier ist, so muss der Hass die letzte Emotion auf der Welt sein.

Du setzt mich ab und weist zum Schlafzimmer. Und dann geht die Platte zu *Pat Garrett and Billy the Kid* von Bob Dylan über. Wie perfekt. Wie oft haben wir beide schon zu dieser Platte Sex gehabt? Sechs oder sieben Songs mit Banjogeklimper und Gejammer, das rund um Minute 25 seinen Höhepunkt erreicht (nationaler Durchschnitt auf der Kinsey-Skala), und zwar bei *Knocking on Heaven's Door*. Eine heterosexuelle Hymne.

Und dann liegst du auf dem Bett, den Kopf an Kissen gelehnt, und wir ziehen unsere Hemden aus. Die blaue Lampe neben dem Bett ist an. Ich habe meine schwarzen Guess-Jeans noch an, einen BH. Ich sehe dir zu, wie du meine Titten berührst, und wir beide sehen meinen Nippeln dabei zu, wie sie hart werden. Später lässt du deinen Zeigefinger außen an meiner Fotze vorbeilaufen, steckst ihn nicht hinein. Sie ist sehr feucht, keine Frage, und später denke ich über den Akt der Zeugenschaft und über die kierkegaardianische »Zweite Entfernung« nach. Sex mit dir ist so phänomenal … sexuell, und ich habe seit ungefähr zwei Jahren keinen Sex mit überhaupt *irgendwem* gehabt. Und ich habe Angst zu sprechen, und ich will so sehr auf dich herniedersinken, und dann kommen die Worte heraus, wie auch immer sie wollen.

»Ich will dein Schoßhündchen sein.«

Du hältst inne, so als hättest du nicht recht verstanden, also wiederhole ich: »Lässt du mich dein Schoßhündchen sein?«

»Okay«, sagtest du. »Komm her.«

Und dann beruhigst du mich, klein und Pekinese, bis meine Hände um deine Schultern liegen. Mein Haar ist überall.

»Wenn du mein Schoßhündchen sein willst, dann lass mich dir sagen, was du zu tun hast. Beweg dich nicht«, sagst du. »Sei ganz still.«

Ich nicke und wimmere vielleicht, und dann kommt dein Schwanz mit einem Mal hoch, der bis dahin sehr ruhig gewesen war, Wellen pulsieren durch meine Fingerspitzen hindurch hinaus. Töne dringen hinaus. Du legst deine Finger auf meine Lippen.

»Komm schon, kleines Schoßhündchen. Du musst ganz still sein. Bleib hier.«

Und das tue ich, und so geht es vielleicht noch stundenlang. Wir haben Sex, bis sich Atmen wie Ficken anfühlt. Und ich schlafe äußerst unruhig in deinem türkisfarbenen Zimmer.

Marguerite Yourcenar
* 8. Juni 1903, Brüssel (Belgien)
† 17. Dezember 1987, Bar Harbor (Maine, USA)

Unverhüllt

Sie sind beide schön und auf den ersten Blick einander ähnlich. Schwarzes Haar und schwarze Augen, in Holland häufiger anzutreffen als man glauben möchte, die in diesem weltoffenen Land fast immer einen Tropfen fremden Bluts verraten. Bei Johann-Karl trifft das zu: Einer seiner Vorfahren gehörte zu Beginn des 18. Jahrhunderts zur Begleitung Peters I., der nach Zaandam gekommen war, um das Zimmermannshandwerk zu erlernen. Der Zar kehrte nach Rußland zurück, der Begleiter blieb. Jeannes Großvater war Administrator in Batavia; er hat die Tochter eines Offiziers geheiratet, die dessen Ehe mit einer Indonesierin von hoher Abkunft entstammte. Diesem Hauch von Insulinde verdankt Jeanne den Goldton ihres Teints und jene Spur kreolischer Indolenz, die einen ihrer Reize ausmacht, ihr jedoch peinlich wäre, wenn sie davon gewußt hätte. Die Verlobten begeben sich gemeinsam zu Graf A.s Besitzung in der Nähe von Arnheim. An seiner Seite reitet sie über die Heidelandschaft; er stellt sie einer alten, ein wenig wunderlichen Tante vor, die derzeit den Familienbesitz innehat und ihn, Johann-Karl, als den Erbprinzen behandelt. Manchmal unternehmen sie längere Ausflüge; sie schläft friedlich in dem Provinzhotel oder dem Bauerngasthof in ihrem Zimmer neben dem Johann-Karls, so sorglos, daß sie nicht einmal ihre Tür abschließt; er ist aus einem Milieu, in dem man eine Verlobte respektiert, gleichgültig übrigens was alles man sonst nicht respektiert. Doch allmählich fordern die Sinne ihren Platz in dieser vorehelichen Kameradschaft. Sie sitzen auf dem Sand, und er erzählt ihr von den dalmatinischen Inseln oder den norwegischen Stränden, wo er in völliger Einsamkeit unbekleidet baden und sich ganz und gar vom Meer einhüllen lassen konnte, ein noch ziemlich seltener Genuß in einer Zeit, als Herren und Damen sich mit schwarz- oder dunkelblauwollenen und mit Ankern bestickten Badekostümen ausstaffierten. Sie erzählt ihm, daß sie von Kindheit an die Gewohnheit habe, bei völliger Dunkelheit auf ihren Balkon hinauszutreten oder wenn möglich auch durch die Fenstertür ihres Schlafzimmers in den Garten, ganz nackt, um dieses formlose Dunkel intensiver genießen zu können, die nächtlichen Düfte mit allen Poren einzusaugen, ihr ganzes Wesen der Milde oder der Macht des Windes zu überlassen. Nur ein paar Augenblicke lang, wie eine rituelle Waschung vor dem Schlafengehen. Wenige Wochen danach verweilten sie auf der Insel Texel, im großen Frieden vor dem Ansturm der Sommerfrischler, die schon damals die Strände und die Dünen überschwemmten. Sie sind praktisch allein in ihrem Hotel hoch oben auf einer Sandklippe. Mitten in der Nacht öffnet Jeanne lautlos die Fenstertür, die direkt auf die Düne fuhrt. Ihre nackten Füße berühren wohlig das spärliche und harte Gras. Der Wind, der von weit her kommt, streicht sanft über sie hin und bringt ein wenig vom leisen Wellenrauschen mit. Luft und Wasser umhüllen sie dichter, als wenn die Sonne schiene. In diesem Moment hört sie das leise Knirschen einer weiteren Fenstertür, die auf den Sand führt. Johann-Karl ist da, ebenso unsichtbar wie sie selber. Die Furcht vor einem unbekannten aber ersehnten Gefühl streift sie eine Sekunde lang und verflüchtigt sich so rasch, wie sie auftauchte. Es ist schön, sich so zu umfangen, Haut an Haut, Leib an Leib, ohne das verschämte oder schamlose kleine Zeremoniell der sich öffnenden und fallenden Hüllen. Ihrer Liebe zu ihm nicht sehr sicher, nach Hingabe nicht lechzend, erwidert sie schlicht Begehren mit Begehren. Das Paar läßt sich auf die Knie fallen, ohne die Umarmung zu lösen; sie pressen sich aneinander, als schmiegten sie sich an einen lauen Fels, ohne zu sprechen, ohne einen Schrei erreicht sie den Höhepunkt; ihr sehr leises Keuchen und das stoßweise Atmen des Mannes sind kaum hörbarer als das ferne Geräusch von Wellen und Wind.

Sie fanden sich noch mehrmals in gleicher Weise zusammen, aber ohne die Erhabenheit der freien Luft und der Nacht, im Stadthaus in Den Haag, das Johann-Karl bewohnt oder vielmehr nicht bewohnt und wo sich bald alles darum drehen wird, die Räume für die bevorstehende Vermählung instand zu setzen: das alte Tafelparkett muß stellenweise neu verfugt werden, da und dort ist eine Stucco-Arbeit von Daniel Marot, weiß auf blau, von der Zeit ein wenig abgebröckelt, zu erneuern. Johann-Karl besteht auf hellem Tageslicht im Schlafzimmer, das nach holländischer Mode keine Gardinen bekommt: das Fenster rahmt nur ein großes Himmelsviereck über dem Dach des gegenüberliegenden Hauses. Jeanne mag dieses helle Licht. Zwei Körper, die nichts mehr voreinander zu verbergen haben, Seite an Seite liegen und ihr Vorhandensein genießen. Aber durch gewisse Aspekte erfährt die Situation in den Augen der jungen Frau eine Einbuße. Madame Van T. würde vielleicht verstehen, vielleicht sogar billigen, aber ein sprachliches Tabu, das sogar noch eiserner ist als die moralischen Imperative, verbietet, daß man von diesen Dingen zu einer Mutter spricht. Und in Jeanne bleibt das entschiedene Gefühl, daß zwischen der ruhigen Hingabe an die Forderung der Sinne und der Ausschweifung, das heißt dem Exzeß ein Abgrund klafft, ein Abgrund, der manchmal nur Haaresbreite hat.

Mary McCarthy
* 21. Juni 1912, Seattle (Washington, USA)
† 25. Oktober 1989, New York City (New York, USA)

Sinnlich

»Du bist gekommen, Boston«, bemerkte er im Ton eines zufriedenen Lehrers. Dottie sah ihn unsicher an. Meinte er etwa das, woran sie nur ungern dachte? »Wie bitte?«, murmelte sie. – »Das heißt, dass du einen Orgasmus gehabt hast.« Aus Dotties Kehle erklang ein noch immer fragender Laut. Sie war ziemlich sicher, dass sie begriff, was er meinte, aber die neue Vokabel verwirrte sie. »Eine Klimax«, ergänzte er in schärferem Ton. »Bringt man euch das Wort in Vassar bei?« – »Ach«, sagte Dottie, fast enttäuscht, dass es nichts anderes war, »war das …?« Sie brachte die Frage nicht zu Ende. »Das war's.« Er nickte. »Soweit ich es beurteilen kann.« – »Das ist also normal?«, wollte sie wissen und fühlte sich bereits viel wohler. Dick zuckte die Achseln. »Nicht für Mädchen mit deiner Erziehung. Jedenfalls nicht beim ersten Mal. Obgleich man dir's nicht ansieht, bist du wohl sehr sinnlich.«

Dottie errötete noch mehr. Laut Kay war eine Klimax etwas sehr Ungewöhnliches, etwas, was der Ehemann nur durch sorgfältiges Eingehen auf die Wünsche der Frau und durch geduldige manuelle Stimulation zuwege brachte. Schon die bloße Terminologie ließ Dottie schaudern. Bei Krafft-Ebing gab es eine scheußliche Stelle, ganz auf lateinisch, über die Kaiserin Maria Theresia und den Rat des Hofarztes an den Prinzgemahl, die Dottie überflogen hatte und so schnell wie möglich zu vergessen suchte. Aber selbst Mama hatte angedeutet, dass Befriedigung etwas sei, was sich erst nach langer Zeit und Erfahrung einstelle, und dass die Liebe dabei eine entscheidende Rolle spiele. Aber wenn Mama über Befriedigung sprach, war nicht genau zu ersehen, was sie damit meinte, und auch Kay drückte sich nicht klar aus, wenn sie nicht gerade aus Büchern zitierte. Polly Andrews hatte sie einmal gefragt, ob es dasselbe leidenschaftliche Gefühl sei, wie wenn man sich küsste (damals war Polly verlobt), und Kay hatte gesagt: Ja, es sei ziemlich dasselbe. Aber jetzt glaubte Dottie, dass Kay sich geirrt hatte oder Polly aus irgendeinem Grunde nicht die Wahrheit sagen wollte. Dottie hatte sehr häufig ähnliche Gefühle gehabt, wenn sie mit jemand schrecklich Attraktivem tanzte, aber das war etwas ganz anderes als das, was Dick meinte. Fast schien es, als rede Kay wie der Blinde von der Farbe. Oder als meinten Kay und Mama etwas völlig anderes, und diese Sache mit Dick war anormal. Und doch wirkte er so zufrieden, wie er dasaß und Rauchringe blies. Wahrscheinlich wusste er, weil er so lange im Ausland gelebt hatte, mehr als Mama und Kay.

»Was grübelst du so, Boston?« Dottie fuhr zusammen. »Wenn eine Frau sehr sinnlich ist«, bemerkte er sanft, »so ist das großartig. Du musst dich deshalb nicht schämen.« Er nahm ihr die Zigarette ab, drückte sie aus und legte seine Hände auf ihre Schultern. »Komm«, sagte er, »was du jetzt empfindest, ist ganz natürlich. ›Post coitum omne animal triste‹, wie der römische Dichter sagt.« Er ließ seine Hand über die Rundung ihrer Schulter hinabgleiten und berührte leicht ihre Brustwarze. »Dein Körper hat dich heute Abend in Erstaunen versetzt. Du musst ihn kennenlernen.« Dottie nickte. »Weich«, murmelte er und drückte die Warze zwischen Daumen und Zeigefinger. »Detumeszenz, das ist es, was du im Augenblick durchmachst.« Dottie hielt fasziniert den Atem an, alle Zweifel verflogen. Als er fortfuhr, die Warze zu drücken, richtete diese sich auf. »Erektiles Gewebe«, belehrte er sie und berührte die andere Brust. »Schau«, sagte er, und beide blickten darauf. Die Brustwarzen waren hart und voll, von einer kreisförmigen Gänsehaut umgeben. Auf ihrer Brust wuchsen ein paar schwarze Haare. Dottie wartete gespannt, eine große Erleichterung erfasste sie. Das waren dieselben Ausdrücke, die Kay aus einem Eheberater zitiert hatte. Da unten begann es abermals zu pochen. Ihre Lippen öffneten sich. Dick lächelte. »Fühlst du etwas?« Dottie nickte. »Möchtest du es noch einmal?«, fragte er und betastete sie prüfend. Dottie machte sich steif und presste die Schenkel zusammen. Sie schämte sich der heftigen Empfindung, der seine tastenden Finger auf die Spur gekommen waren. Aber er behielt die Hand dort zwischen ihren geschlossenen Schenkeln und ergriff ihre Rechte mit seiner anderen, führte sie in den auseinanderfallenden Schlafrock und drückte sie auf jenen Körperteil, der jetzt weich und schlaff und eigentlich ganz niedlich zusammengerollt dalag, wie eine dicke Schnecke. Er saß noch immer neben ihr und sah ihr ins Gesicht, während er sie dort unten streichelte und ihre Hand fester gegen sich drückte. »Da ist eine kleine Erhöhung«, flüsterte er. »Streichle sie.« Dottie gehorchte staunend. Sie fühlte, wie sein Glied steifer wurde, und das gab ihr ein seltsames Machtgefühl. Sie wehrte sich gegen die Erregung, die sein kitzelnder Daumen über der Scheide hervorrief, und als sie merkte, wie er sie beobachtete, schloss sie die Augen, und ihre Schenkel öffneten sich. Er löste ihre Hand und sie fiel keuchend hintenüber aufs Bett. Sein Daumen setzte sein Spiel fort und sie gab sich dem willenlos hin, völlig auf einen bestimmten Höhepunkt der Erregung konzentriert, die sich jäh in einer nervösen, flatternden Zuckung entlud. Ihr Körper spannte sich, bäumte sich und lag dann still. Als seine Hand sie abermals berühren wollte, schlug sie sie sacht beiseite. »Nicht«, stöhnte sie und rollte sich auf den Bauch. Die zweite Klimax, die sie jetzt durch den Vergleich mit der ersten erkennen konnte, machte sie nervös und verwirrt. Sie war weniger beglückend, eher, als würde man unbarmherzig gekitzelt oder müsste dringend aufs Klo. »Hat dir das nicht gefallen?«, fragte er und drehte ihren Kopf auf dem Kissen, sodass sie sich vor ihm nicht verstecken konnte. Der Gedanke, dass er sie beobachtete, während er das mit ihr tat, war ihr grässlich. Langsam schlug Dottie die Augen auf, entschlossen, die Wahrheit zu sagen. »Das andere gefiel mir besser, Dick.« Dick lachte. »Ein nettes, normales Mädchen. Manche Mädchen mögen dies lieber.« Dottie schauderte, sie konnte zwar nicht leugnen, dass es sie erregt hatte, aber es kam ihr fast pervers vor. Es war, als errate er ihre Gedanken. »Hast du es je mit einem Mädchen gemacht, Boston?« Er packte sie am Kinn, um sie eindringlich mustern zu können. Dottie errötete. »Gott bewahre!« – »Du kommst aber wie die Feuerwehr. Wie erklärst du dir das?« Dottie schwieg. »Hast du es je mit dir selbst gemacht?« Dottie schüttelte heftig den Kopf, allein die Vorstellung verletzte sie. »In deinen Träumen?« Dottie nickte widerwillig. »Ein bisschen. Nicht bis zum Ende.« – »Üppige erotische Fantasien einer Chestnut-Street-Jungfrau«, bemerkte Dick und räkelte sich. Er stand auf, ging zur Kommode, holte zwei Pyjamas und warf einen davon Dottie zu. »Zieh dich an und geh ins Badezimmer. Für heute Nacht ist der Unterricht zu Ende.«

Colette

* 28. Januar 1873, Saint-Sauveur-en-Puisaye (Frankreich)
† 3. August 1954, Paris (Frankreich)

Dankbar

Nach Hause zurückgekehrt, fragte er zärtlich, wie ich mich fühlte, geängstigt von meiner trüben, angespannten Miene. Ich schüttelte den Kopf. »Kaum verheirateter als heute früh. Und Sie?«

Sein Schnurrbart zitterte leicht. Da errötete ich und zuckte die Achseln.

Man ließ mich allein: Ich wollte mich des lächerlichen Kleides entledigen. Fanchette, meiner Allerliebsten, schien ich in rosa Batistbluse und weißem Sergerock viel vertrauter. Ich soll dich also verlassen, Fanchette? Es ist das erste Mal ... Doch es muß sein. Ich will dich nicht auf Reisen schleppen, mitsamt deiner Familie ...

Es würgt mich in der Kehle, ich fühle eine undeutbare Beklemmung, die schmerzenden Rippen sind plötzlich zu eng ... Oh, nimm mich rasch, geliebter Freund, befreie mich von dieser törichten Angst, die weder Scham ist noch Furcht ...

Wie spät kommt doch die Nacht im Juli, wie schwer lastet der weiße Tag auf meinen Schläfen!

Bei Einbruch der Dunkelheit entführte mich mein Mann. Mein Mann! Das Pochen meines Herzens übertönte das weiche Rollen der Gummiräder und ich preßte die Zähne zusammen, so fest, daß sein Kuß sie nicht zu lösen vermochte.

Rue de Bassano. Im gedämpften Licht kleiner Lampen sah ich fast nichts von diesem Appartement, »das zu sehr an einen Stich aus dem achtzehnten Jahrhundert erinnert«. Und dabei war ich so neugierig gewesen ...

Ein Duft nach hellem Tabak, Maiglöckchen und Juchten schwebte im Raum, derselbe, der den Kleidern meines Freundes anhaftet. Ich atmete ihn aus vollen Zügen, mich noch tiefer, noch rettungsloser zu berauschen.

Es ist, als sei mir dieser Augenblick für ewig geblieben. Ich bin wieder dort, unruhig, hilflos ...

Wie! Jetzt also? Jetzt?

Ich denke an Luce, einen Herzschlag lang, nehme meinen Hut ab, ohne zu wissen, was ich tue. Endlich ergreife ich die Hand des Mannes, den ich liebe, blicke ihn an: So wird es mir leichter werden, meine Beklemmung zu meistern. Renaud läßt Hut und Handschuhe fallen, dehnt sich ein wenig und seufzt. Es klingt wie lautgewordenes Beben. Oh, ich liebe seine dunklen Augen, seine kühne Nase, sein entfärbtes Haar, das ein geschickter Wind zu kämmen verstand. Ich trete näher. Er weicht aus, der Harte, geht zur Seite, sieht mich an. Mein Mut schwindet. Ich falte die Hände:

»So beeilen Sie sich doch, um alles in der Welt!«

O Gott! Ich wußte nicht, daß diese Worte so erheiternd wären. Er setzt sich.

»Komm, Claudine.«

Er nimmt mich auf den Schoß, hört meinen fliegenden Atem. Seine Stimme wird weich.

»Du gehörst mir?«

»Seit langem. Sie wissen es ja.«

»Und fürchtest dich nicht?«

»Nein, ich fürchte mich nicht. Außerdem weiß ich alles.«

»Alles? Was, alles?«

Er bettet mich auf seine Knie, neigt sich über meinen Mund. Ich lasse mich trinken, willenlos. Am liebsten würde ich weinen. So scheint es mir zumindest.

»Du weißt alles, mein geliebtes kleines Mädchen, und fürchtest dich nicht?«

Ich schreie: »Nein!«, klammere mich aber dennoch verzweifelt an seinen Hals. Er versucht mit einer Hand, meine Bluse aufzuhaken. Ich fahre in die Höhe:

»Nein! Ich selber, ganz allein!«

Warum? Ich weiß es nicht. Wohl ein letztes Aufflackern des alten Ungestüms. Splitternackt ginge ich geradewegs in seine Arme – ausziehen soll er mich nicht.

Ich entkleide mich mit ungeschickter Hast, streue die Kleider um mich her, werfe die Schuhe in die Luft, ziehe den Unterrock mit den Zehen hinunter, streife das Korsett ab – all das, ohne Renaud anzublicken, der kein Wort spricht.

Jetzt bin ich nackt bis auf das Hemd, sage »So!« mit mutigem Gebaren und streiche aus alter Gewohnheit mit den Fingern über meine Taille, die Korsettspuren wegzumassieren.

Renaud sitzt regungslos, mit vorgerecktem Kopf, die Hände um die Armlehnen seines Sessels gekrampft. Er schaut mich an. Dieser Blick jagt mir panischen Schrecken ein. Fahr hin, Heldenmut! Außer sich, stürzt Claudine zum Bett – zum zugedeckten Bett! – und wirft sich der Länge nach darauf.

Er kommt zu mir, drückt mich an sich, so angespannt, daß ich das Beben seiner Muskeln fühle, küßt mich, angekleidet von Kopf bis Fuß – guter Gott, worauf wartet er? Warum zieht er sich nicht aus? –, hält mich, ohne daß mich sein Körper berührte, so lange mit Mund und Händen, bis sich meine zitternde Auflehnung in irres Gewähren wandelt, bis das beschämende Stöhnen der Lust, das ich aus Stolz so gern zurückgehalten hätte, meinen Lippen entfährt. Dann erst streift auch er die Kleider ab und lacht, unbarmherzig, Claudine zum Spott, die neben ihm liegt, gedemütigt und verblüfft. Doch er verlangt nichts, nichts, als mir so viel Zärtlichkeit zu geben, als es braucht, um mich endlich einzuschläfern, im Morgengrauen, auf zugedecktem Bett.

Später, viel später erst wußte ich ihm Dank für diese tätige Selbstverleugnung, diese stoisch geübte Geduld. Und ich lohnte seine Mühe, wissend, verlangend und gezähmt, erwartete das Verlöschen seiner Augen nicht minder begierig als er das Ersterben der meinen ...

Maria Nurowska
* 3. März 1944, Okólek (heute Polen)

Demütig

»Ich warte um zehn«, sagte ich und legte auf. Erst da erschrak ich über meinen Einfall, den ich selbst absurd fand. Nicht einmal zynisch, sondern einfach sinnlos. Aber als ich darüber nachdachte, kam ich zu dem Schluß, daß ich im Grunde genommen kein Risiko einging. Du kamst nach drei Uhr heim, Michał noch später. Da schaltete sich wieder mein Unterbewußtsein ein oder, genauer, meldete sich in mir »jene andere«. Ich wußte schon, worum es ging: mich mit ihm auf unserem Sofa zu lieben. Damit wäre ich ihm gegenüber sofort im Vorteil gewesen. Falls er kommen würde. Ich war mir dessen nicht sicher, und die fünfzehn Minuten, um die er sich verspätete, empfand ich als Niederlage. In der sechzehnten Minute läutete die Glocke. Ich öffnete. Sein Anblick verwirrte mich, dieses schmale Gesicht, die Augen. Ich hatte keine Lust mehr zu kämpfen, ich lächelte, und mein Lächeln sollte wie ein Ölzweig sein, doch er gab sich keine Mühe, ihn zu ergreifen. Er war etwas steif. Ich bat ihn, seinen Mantel abzulegen, danach gingen wir in das große Zimmer. Die Situation war irgendwie absurd. Wir wußten eigentlich nichts voneinander. Ich fragte, ob er Kaffee wolle, er lehnte ab. Er zündete sich eine Zigarette an. Ich stand daneben.

»So hast du dir das vorgestellt?« fragte er. »Darum ging es dir?«
»Nein«, antwortete ich leise.

Er machte die Zigarette aus, dann stand er auf. Fast gleichzeitig warfen wir uns aufeinander. Fiebrig versuchte er, durch meine Kleider zu mir vorzudringen, halb von Sinnen half ich ihm dabei. Wir lagen auf dem Boden, und es kam mir vor, als bestünde ich nur aus einer Hälfte, da waren nur der untere Teil meines Bauchs und meine Schenkel, die ihn umklammerten. Wie blind suchte ich mit meinen Händen seinen Körper, Pullover und Hemd trennten uns voneinander. Endlich spürte ich die Wärme seiner Haut und krallte mich mit meinen Fingernägeln in ihr fest, ich trieb sie wie Anker hinein, und flüchtig nur dachte ich daran, daß ich ihm weh tun könnte. Ich war allein und hatte jedes Gefühl verloren, erst mein Orgasmus schüttelte mich schmerzhaft, ich schrie auf wie nach einem Stoß. Betäubt, wie ich war, wußte ich nicht so recht, was mit ihm los war. Er zog sich augenblicklich zurück, und ich war mir nicht sicher, ob es bei ihm wirklich passiert war. Die Bestätigung fand ich auf meinen Schenkeln. Ich ging mich waschen. Im Spiegel über dem Becken schaute ich mir in die Augen. Ich entdeckte in ihnen ein neues Gefühl, das ich bisher nicht gekannt hatte. Es war Demut. Alles andere kannte ich auswendig, und es waren dies alle nur denkbaren Abstufungen von Schmerz. Demütig war ich nie gewesen. Erst an diesem Tag. Als ich zurückkam, war niemand mehr im Zimmer. Ich wollte es einfach nicht glauben, aber sein Mantel hing nicht mehr am Haken. Einen Augenblick lang hatte ich Lust, ihm nachzurennen, doch ich beherrschte mich. Später strich ich ums Telefon, ich wollte ihn anrufen und ihm sagen, was ich von ihm dachte. Eigentlich wollte ich nur ein Wort hinwerfen: »Rindvieh«, und dann auflegen.

Beatritz de Dia

Lebte und wirkte im späten 12. Jahrhundert
in der Region Auvergne-Rhône-Alpes (Frankreich)

Schwere Gedanken

Ich lag und irrte in schweren Gedanken
um einen Ritter, der ehmals mein war.
Wisset es und wisset es immer:
zu tief, über alle Maßen liebte ich ihn.
Nun begreif ich es – er hat mich verraten
nur weil ich ihm die ganze Liebe nicht gab.
Und so leb ich verwirrt in Dunkelheit
offen in der Nacht oder auch verhüllt am Tage.

Ach könnte ich dich, Ritter, geliebter
nackt in den Armen eines Abends halten
ich werde nur dein Kissen sein
es ist die Seligkeit die du so suchst.
Ja nach ihm sehne ich mich heißer noch
als Floris einst nach Blanchefleur –
mein Herz ist sein und meine Liebe
und mein Verstand, mein Augenlicht, mein Leben.

Schöner, gütiger Freund meines Herzens –
wirst du einmal mir ganz gehören?
Eines Abends liegst du bei mir
und ich gebe dir den Kuß meiner Liebe.
Wisse, meine Lust ist groß
statt meines Gemahls mit dir zu sein –
da wirst du mir dann geloben
alles zu tun, was ich wünsche.

Margaret Atwood
* 18. November 1939, Ottawa (Kanada)

Geschmacklos

Max gibt sich Mühe, Häuser mit Charmaines Lieblingsdeko auszusuchen: Sie mag hübsche Tapeten mit Rosen- oder Gänseblümchenmuster. Und er findet tatsächlich welche mit solchen Tapeten. Doch in jedem Haus waren vor ihnen schon die Vandalen gewesen, damals, als sie noch von Stadt zu Stadt und von Haus zu Haus zogen und Fensterscheiben einwarfen und Flaschen zertrümmerten und sich betranken und Drogen nahmen und auf dem Fußboden schliefen und die Badewanne als Plumpsklo benutzten, lange vor dem Positron-Projekt.

Die Gangs und Verrückten hinterließen ihre Spuren auf den Blümchentapeten, Aufkleber und anderes. Obszöne Zeichnungen. Kurze krasse Wörter, gespryat oder mit Filzstift oder Lippenstift geschrieben, und ein paarmal etwas Braunes, Verkrustetes, was vielleicht mal Scheiße war.

»Lies es mir vor«, hatte ihr Max ins Ohr geflüstert, im ersten Haus, beim ersten Mal.

»Ich kann nicht«, sagte sie. »Ich will nicht.«

»Doch, du kannst«, sagte Max. »Du willst.« Und sie muss es wohl wirklich gewollt haben, denn anschließend sprudelte es regelrecht aus ihr heraus. Er lachte, hob sie hoch und schob seine Hände unter ihren Rock. Sie trägt nie Jeans zu diesen Treffen, genau aus dem Grund. Sekunden später lagen sie auf den nackten Dielen.

»Warte!«, sagte sie keuchend vor Lust. »Erst die Knöpfe!«

»Ich kann nicht warten«, sagte er, und nein, er konnte nicht warten, und weil er nicht konnte, konnte auch sie nicht. Es klang wie der Klappentext der triefendsten Liebesschmonzette aus der sehr überschaubaren Bibliothek von Positron. *Mitgerissen. Im Rausch der Sinne. Wie ein Wirbelsturm. Sie stöhnte hilflos.* Das volle Programm. Sie hatte nie etwas geahnt von solchen Kräften, von einer so aufgestauten Energie. Sie dachte, dergleichen gäbe es nur in Büchern und im Fernsehen, oder bei anderen.

Danach sammelte sie die Knöpfe auf und steckte sie ein. Nur zwei waren abgeplatzt. Später nähte sie sie wieder an, nach ihrem Gefängnisaufenthalt, vor ihrer Rückkehr in das Haus, in dem sie mit Stan lebte.

Sie liebte Stan, ja, aber anders. Es war eine andere Art von Liebe. Familiär, beschaulich. Wie man Fische im Aquarium liebt – nicht dass sie Fische hätten –, und wie Katzen vielleicht. Wie Eier zum Frühstück, pochierte Eier, hübsch in ihren Pochierpfannen. Und wie Babys.

Nachdem Oma Win gestorben war, hatte Charmaine ihren Weg allein machen müssen; das Eis war dünn mit sichtbaren Rissen, und darunter lauerten schlimme Gefahren, aber der Trick bestand darin, einfach immer weiterzugleiten. Sie liebte Stan, weil sie gern festen Grund unter den Füßen hatte, nichtspiegelnde Oberflächen, Filme mit ordentlichem Ende. Schluss, wie man sagte. Sie hatte sich im Gefängnis für die Leitung der Medikationsabteilung gemeldet, weil es um Sortieren und Inventarisieren ging und weil dort alles seinen Platz hatte.

Zumindest dachte sie das; aber es gibt Untiefen, wie sich gerade zeigt. Es gehören noch andere Aufgaben dazu, von denen sie jetzt erst erfährt, es gibt eine gewisse Unordentlichkeit, man muss sich durch gewisse Dinge hindurchlavieren. Sie wird allmählich gut darin. Und wie sich außerdem zeigt, ist sie weniger ordnungsfanatisch als gedacht.

Es war schlampig von ihr, den Zettel unter den Kühlschrank zu schieben. Und dieser Lippenstiftkuss war total kitschig. Sie bewahrt den Lippenstift in ihrem Schließfach auf; sie hat ihn nur für diese eine Nachricht verwendet. Stan würde eine so leuchtende Farbe niemals dulden; »Purpur Passion«, wie geschmacklos.

Und genau deshalb hatte sie ihn gekauft: So denkt sie über ihre Gefühle für Max. Purpurfarben. Passioniert. Leuchtend. Und ja, geschmacklos. Zu so einem Mann, für den man solche Gefühle hat, kann man alle möglichen Dinge sagen, wovon *Ich hungere nach dir* noch das Harmloseste ist. Wörter, die sie niemals benutzt hätte, früher. Vandalenwörter. Manchmal kann sie selbst nicht glauben, was aus ihrem Mund kommt, geschweige denn was hineingesteckt wird. Sie macht alles, was Max will.

Er heißt natürlich nicht Max, genauso wenig wie Charmaine Jasmine heißt. Sie verwenden nicht ihre echten Namen; darauf haben sie sich beim ersten Mal wortlos geeinigt. Es ist, als könnten sie gegenseitig ihre Gedanken lesen.

Oder besser: ihre Gedankenlosigkeit. Wenn sie mit Max zusammen ist, schaltet sie ihr Gehirn aus.

Gisela Etzel

* 31. März 1880, Kissingen
† 1918, Bern (Schweiz)

Glut und Glanz

O heilige Wollust, heilig du auf Erden!
Wer ganz in dir ist, der ist gottvollkommen,
Und übermütig wach sind seine Kräfte.
Sein Blick ist küssender Mund,
Sein küssender Mund erglühender Schoß,
Sein Lächeln sagt von allen Zärtlichkeiten.
Sein Leib ist Glut und Glanz,
Und Glut und Glanz strömt aus von ihm,
Der mehr an Liebe trägt, als er behalten kann.

Ich liebe Einen / und alle lieben mich!
Ich liebe Einen / und ich weiß die Welt,
Und ihr Geheimnis ist mir aufgedeckt.
Ich bin nun eines Werdens Mittelpunkt,
Ein Sturm und Ausgang, Sehnen, Lust und Macht,
Bin rosenroter Freude Flügelschwung
Und schlanker Pfeil, der hell ins Leben schwirrt.
Ein Sieger bin ich über alles Leid:
Gestrafft die Zügel! Und mein Wagen braust,
Und seine Speichen singen Seligkeit,
Und seine Spur gräbt Runen in den Tag,
Und Herzen klopfen, die die Runen sehn.

Ich liebe Einen! / O nur dies zu denken,
Entfesselt namenloses Glück!
Was ist ein Geist, der nichts von Liebe weiß,
Was ist ein Leib, dem ihre Wollust fremd?
Ein solcher Geist ist ohne Zeugungskraft,
Ist nur ein schwacher Spiegel seiner selbst;
Ein solcher Leib ist traurig unbelebt
Und seelenlos wie blödes Meergetier.
Doch Geist, der liebt, ist jenem Urquell nahe,
Der unablässig Lebensodem braut;
Und Leib, der liebt, ist dieser Urquell selbst,
Ist Kraft und Güte, Glanz und Harmonie.
O wer am Leben krankt und seinen Sinn nicht findet,
Sich trübe nur durch Labyrinthe windet,
Der bade sich in Wollust rein,
Und heilig liebenswert wird ihm das Leben sein.

Saphia Azzeddine
* 12. Dezember 1979, Agadir (Marokko)

Lernfähig

Ich habe von meinen Herrinnen gelernt, ich habe aufmerksam die Zeitschriften durchgeblättert, ich habe die anderen Nutten beobachtet und bin die beste geworden. Ich weiß jetzt, dass ich hübsch bin. Sogar schön. Sehr schön. Ich glaube, das ist das angenehmste Gefühl, das ich bis jetzt kennengelernt habe. Sogar in meiner Dienstmädchenuniform komme ich gut an. Ich epiliere mich mit Zucker und lasse sehr wenig übrig. Ich wasche mich jeden Tag, ich parfümiere mich, ich unterstreiche meine grünen Augen mit Khol und streiche Honig auf meine vollen Lippen. Moufhida vom Radio hat gesagt, dass Honig für die Lippen sehr feuchtigkeitsspendend ist.

Eines Abends, als ich glaube, das Haus sei leer, und mich zum Ausgehen fertigmache, ertönt in meinem Zimmer die Klingel. Ich renne in den Salon und erkenne Sidi Mohameds Glocke. Ich klopfe an die Tür seines Zimmers. Er liegt ausgestreckt auf dem Bett, in Jeans, mit nacktem Oberkörper. Er verlangt ein Zitronenwasser. Ich bringe ihm sein Zitronenwasser. Er verlangt Datteln. Ich bringe ihm Datteln. Er verlangt *Gazellenhörner*. Er verlangt, dass ich die Tür zumache. Ich mache die Tür zu. Er verlangt, dass ich mich neben ihn lege. Ich mache Anstalten, ihm einen zu blasen. Er sagt »Nein!« Er zieht mich aus und streichelt mich.

Was passiert mir da? Oh, mein Gott, was passiert da? Sidi Mohamed macht ... Oh, verdammt, ist das gut! Das ... das ...

das gefällt mir ... Oh, mein Gott, was ist nur mit ihm los? Er ist ein Vollidiot, normalerweise ... Oh, ist das gut! Mit seinem Finger zwirbelt er das kleine Kügelchen in meiner Spalte, und das erzeugt bei mir ein Kribbeln im gesamten Körper. Ich beiße mir vor Lust auf die Lippen, ich kann es gar nicht fassen. Ich glaube, er macht richtig Liebe mit mir. Danke, Sidi Mohamed. Danke.

Ich schreie und kann gar nicht aufhören damit. Ich erwarte, dass er mit mir schimpft, aber er lächelt. Ich schiebe sein Geschlecht in meins. Ich mache meine Beine so breit es geht, um ihm zu zeigen, dass er willkommen ist und dass er es von nun an immer sein wird. Wir machen Liebe. Jbara macht Liebe, und das fühlt sich gut an. Jetzt kann ich sterben.

Nichts wird mehr so sein wie vorher.
Ich will nicht mehr als Dienstmädchen arbeiten. Ich will Geld verdienen und einen Mann finden, der so etwas öfter mit mir macht. Auf jeden Fall damit anfangen, Geld zu verdienen, damit ich mir den Mann aussuchen kann, den ich will.

Am nächsten Tag habe ich meine Sachen gepackt und bin gegangen, und ich habe Sidi Mohamed nie wieder gesehen. Ich verzeihe ihm alles. Aber auch alles. Absolut alles. Nur daran werde ich mich erinnern.

Lily Brett
* 5. September 1946, DP-Auffanglager Feldafing (Deutschland)

Überspannt

»Im Büro hat mich jemand gefragt, ob ich glücklich verheiratet bin. Ich hab' gesagt, ich wüßte nicht, was das bedeutet. Ich sagte, daß ich mit Michael glücklich bin – heißt das, ich bin glücklich verheiratet? Du denkst vielleicht, daß ich nicht glücklich verheiratet bin, weil ich Liebhaber hatte, aber ich glaube nicht, daß meine Liebhaber etwas mit dem Zustand meiner Ehe zu tun haben.«

»Der letzte Mensch, der mich gefragt hat, ob ich glücklich verheiratet bin, war Sean, vor vierzehn Jahren«, sagte Esther. »Ich war mit jemand anders verheiratet. Ich sagte ja, ich bin glücklich verheiratet. Die folgenden Wochen hat er dann damit zugebracht, mich davon zu überzeugen, daß ich es nicht war.«

»Wie konntest du dich für glücklich verheiratet halten, wenn du es nicht warst?« fragte Sonia.

»Ganz einfach«, sagte Esther. »Ich liebte meinen Mann, wir hatten zwei Kinder, nette Freunde und ein nettes Haus.«

»Für mich klingt das nach glücklich verheiratet«, sagte Sonia.

»Für mich damals auch«, sagte Esther. »Bis die Lust auf Sean mich packte. Ich bekam weiche Knie, wenn er mich berührte.«

»Wie das?« fragte Sonia.

»Er wollte mich davon überzeugen, daß ich nicht glücklich verheiratet war«, sagte Esther. »Ich war schockiert, als ich merkte, wie sehr ich mir seine Berührungen wünschte. Überall, am ganzen Körper. Seit ich sechzehn war, hatte ich niemanden mehr so begehrt, und das schockierte mich auch. Ich war noch so jung, und ich hatte mich für eine komfortable und kameradschaftliche Ehe entschieden. Normaler Sex, normale Kinder, ein normales Haus und eine ganz normale Hypothek.«

»Und was hat sich geändert?« fragte Sonia.

»Jetzt habe ich eine Riesenhypothek, ziemlich guten Sex, und die Kinder sind fast erwachsen«, sagte Esther.

»Im Ernst, was hat sich geändert?« fragte Sonia.

»Alles«, sagte Esther. »Ich bete ihn an. Ich bin immer noch verrückt nach ihm, ich liebe es, ihn anzuschauen, ihn zu berühren, mit ihm zu reden, und ich glaube, er ist der beste Mensch, der mir jemals begegnet ist.«

»Ist ja ekelhaft«, sagte Sonia. »Es ist zum Kotzen, wie gut ihr zwei euch versteht.«

»Das hab' ich von anderen auch schon gehört«, sagte Esther.

»Andererseits kenne ich Leute«, sagte Sonia, »die mir erzählen, wie wohl sie sich in eurer Gegenwart fühlen.«

»Auch das hab' ich schon gehört«, sagte Esther.

»Gibt es keine Momente, wo du ihn nicht magst?« fragte Sonia.

»Nein«, sagte Esther. »Ich kann nichts dafür. Ich bete ihn an. Jeden Tag danke ich meinem Schicksal dafür, daß ich ihn habe.«

»Gräßlich«, sagte Sonia.

»Bei dir komm' ich mir völlig überspannt vor«, sagte Esther.

»Bist du auch«, sagte Sonia. »Ich kann mir nicht vorstellen, daß es keine Momente gibt, in denen Sean blöd oder dämlich oder abstoßend ist. Mein Gott, wenn ich an Michael denke, wenn er nachts arbeitet, in seinem gelben Nylonpyjama. Er sieht völlig idiotisch und absurd aus.«

»Wieso trägt er einen gelben Nylonpyjama?« fragte Esther.

»Weil ich ihm den gekauft habe«, sagte Sonia. »Als extrem glücklich verheiratete Person würdest du also sagen, daß sich alles auf den einen Nenner bringen läßt – Lust?«

»Ich glaube, du willst mich verarschen«, sagte Esther.

»Ganz und gar nicht«, sagte Sonia. »Ich versuche wirklich zu verstehen, was eine glückliche Ehe ausmacht und welche Rolle die Lust bei diesem Glück spielt.«

»Ich glaube, die Lust sollte wahrscheinlich eine große Rolle spielen«, sagte Esther. »Ich weiß es nicht, ich bin keine Lust-Expertin. Was ich sagen wollte, ist, daß der Mangel an Lust in meiner ersten Ehe mich zu der Erkenntnis brachte, daß irgendwas nicht stimmte.«

»Ich finde, daß weiche Knie überbewertet werden«, sagte Sonia.

»Und was hattest du bei deinen Liebhabern?« fragte Esther.

»Lust mit einem Fremden«, sagte Sonia. »Und das ist etwas ganz anderes als eine glückliche Ehe. Oder weiche Knie. Es ist der Wahnsinn zwischen den Beinen. Aber ich will nicht über meine Liebhaber reden. Die sind Vergangenheit.«

»Weiche Knie schließen den Wahnsinn zwischen den Beinen nicht aus«, sagte Esther. »Du kannst beides haben.«

»Versuchst du einen Streit anzufangen?« sagte Sonia.

»Nein«, sagte Esther. »Ich verteidige mich. Ich hatte den Eindruck, du willst mich demütigen. Indem du dich über meine weichen Knie lustig machst.«

»Ich habe mich nicht über dich lustig gemacht«, sagte Sonia. »Obwohl ich den Eindruck hatte, du wolltest die Überlegenheit der weichen Knie bei einem Ehemann gegenüber dem Wahnsinn zwischen den Beinen bei einem Liebhaber betonen.«

»Nicht im geringsten«, sagte Esther. »Ich war niemals in der Lage, die beiden miteinander vergleichen zu können.«

»Was für ein absurdes Thema zum Lunch«, sagte Sonia.

»Laß uns von was anderem reden«, sagte Esther.

Alice Munro
10. Juli 1931, Wingham (Kanada)

Beleidigt

Sie hatte neuerdings hässliche Träume. Ganz andere Träume als je zuvor. Albträume waren bisher für sie solche, die sie in ein unbekanntes Haus versetzten, in dem die Zimmer sich ständig veränderten und es immer wieder viel mehr zu tun gab, als sie bewältigen konnte, ungetane Arbeit, die sie meinte, getan zu haben, unzählige Ablenkungen. Und dann hatte sie natürlich, was sie in Gedanken ihre romantischen Träume nannte, in denen ein Mann den Arm um sie gelegt hatte oder sie sogar küsste. Es konnte ein Fremder sein oder ein Mann, den sie kannte – manchmal ein Mann, bei dem solch eine Vorstellung vollkommen lächerlich war. Diese Träume machten sie nachdenklich oder ein wenig traurig, gewährten ihr aber auch die Erleichterung, dass ihr solche Gefühle nicht fremd waren. Sie konnten peinlich sein, waren aber nichts, überhaupt nichts im Vergleich zu den Träumen, die sie jetzt hatte. In den Träumen, die ihr jetzt kamen, hatte sie Geschlechtsverkehr oder wollte ihn (manchmal wurde sie von Eindringlingen oder veränderten Umständen daran gehindert) mit gänzlich verbotenen und undenkbaren Partnern. Mit dicken, strampelnden Babys oder bandagierten Patienten oder ihrer eigenen Mutter. Sie war glitschig vor Lust, stöhnte ausgehöhlt und ging grob ans Werk, machte rücksichtslos das Beste aus den Gegebenheiten. »Ja, das muss genügen«, sagte sie zu sich. »Das muss eben genügen, solange nichts anderes da ist.« Und diese Kaltherzigkeit, diese widernatürliche Sittenlosigkeit peitschte ihre Lust nur noch höher. Sie wachte auf, ohne Reue zu empfinden, verschwitzt und erschöpft, und lag da wie eine Leiche, bis ihr eigenes Ich, ihre Scham und ihr ungläubiges Entsetzen in sie zurückströmten. Der Schweiß erkaltete auf ihrer Haut. Sie lag fröstelnd in der warmen Nacht, gedemütigt und von Ekel geschüttelt. Sie wagte nicht, wieder einzuschlafen.

Bernardine Evaristo
* 28. Mai 1959, London (England)

Überrascht

würde er irgendwann vor ihrer Tür stehen, wenn Clovis nicht da war, und sich auf sie stürzen
dann könnte sie ihm nicht widerstehen

was sie auch nicht tat
als er eines Nachmittags bei ihr klingelte, weil er wusste, dass sie Spätdienst hatte und zu Hause sein würde, während Clovis beim Frühdienst war
er hatte sich den Nachmittag freigenommen, schloss die Tür hinter sich und küsste sie so, wie Clovis es nie getan hatte, denn als sie sich kennenlernten, meinte er, innige Küsse wären unhygienisch
danach behielt sie ihre Zunge immer brav im eigenen Mund
bis jetzt war sie noch nie mit einem anderen Menschen in Kontakt gekommen

Lennox band ihr die Schürze ab, die sie bei der Hausarbeit umlegte (sie hatte gerade das Treppengeländer poliert), und knöpfte das Sommerkleid auf, das sie darunter trug
er zog ihr den Unterrock aus Nylon aus und die Strümpfe, die von Strumpfhaltern gehalten wurden, weil sie altmodisch war, das Scheuern von Strumpfhosen zwischen den Schenkeln unangenehm fand und Ausschlag davon bekam, der sich nur mit Vaseline lindern ließ

offenbar gefiel ihm, was er sah, während sie sich durch seine Hände erst entdeckte, seinen Körper durch ihren
sie wurde so feucht, dass es ihr die Schenkel entlangrann

wer war diese Frau, die sich von ihrem Schwiegersohn in allen möglichen Stellungen nehmen ließ?
wer war diese Frau, die ihn in den Mund nahm und es genoss?
wo sie sich doch das eine Mal, als sie das bei Clovis gemacht hatte, hinterher hatte übergeben müssen?
wer war diese Frau, die mit diesem jungen Mann mithielt, während er sich endlose Male in sie ergoss, weil er voller Manneskraft war und ewig konnte, und sie hielt mit, bis sie halbtot waren vor Erschöpfung, weil sie völlig von Sinnen und ganz in ihrem Körper war?
bis
der Wecker in der Küche klingelte
und sie Karen und Rachel vom Kindergarten abholen musste
sie duschten und zogen sich an
dann verließen sie das Haus
einzeln
er
zuerst

in dieser Nacht konnte sie nicht schlafen
sie zog zu Gunsten ihrer Gefühle gegen ihre Moral ins Feld
und wer gewann wohl?
sie war fast fünfzig
sie hatte das verdient
ihn verdient

Erku

Erkunden

Anne Sexton
* 9. November 1928, Newton (Massachusetts, USA)
† 4. Oktober 1974, Weston (Massachusetts, USA)

Genuss

Flinker Bumerang, komm, fang.
Ich bin köstlich. Du bist gegangen.
Ein wenig hat der Verlust schon geschmerzt, doch ich muß mich
für dich krümmen. Schau, wie ich mich biege. Ich bin in Fahrt.
Meine Augen, die sind grasgrün, mein Haar ist apart.

Küß das Päckchen, Mr. Schlinge!
Wie bitte? Was meinst du, ob es wohl ginge,
daß du dich auf mich stürzt, rauh, aber irgendwie herzlich?
Ich bin ausgebreitet wie Papier auf dem Regal in deiner Küche.
Darum zeichne mir eine Brust. Ich bin gern unterstrichen.

Hör zu, Flegel! Sag nicht, warte noch!
Zeichne mich wie ein Kind. Ich brauche doch
bloß zwei Kulleraugen und einen kleinen Kuß.
Ein kleines O. Ein Paar Ohrringe, die wären schön.
Von dort weiter zur Schulter. Dann kannst du ausruhen gehen.

Atme mich ein. Ich bin dein Bazillus.
Zeichne Perlen und Münder und einen Fluß,
bitte langsam, über den ganzen Leib,
ein bißchen Graffiti, Kringel und einen kleinen Gruß,
denn ich faß zu, muntere auf, knabbre, ich bin ein Genuß.

Zeichne mich warm, zeichne mich hinten und vorn.
Bring mir dein knochiges Handgelenk und dein
sonderbares, Mr. Schlinge, sonderbares eigensinniges Horn.
Liebling, bring dazu eine Stunde wogendes Auf und Ab, denn
das ist Musik, und für die bin ich geboren.

Sei auf der Hut, mein Akrobat!
Ich werd die Klinge sein, du wirst mich schärfen.
Wir werden ihm einheizen, dem dünnen Jack Sprat,
und du wirst dich in mein kleines Gefängnis werfen,
und dann werden wir zusammen noch zu Abend essen,
und das ist's dann gewesen.

Marguerite Duras
* 4. April 1914, Gia Ðịnh bei Saigon (heute Vietnam)
† 3. März 1996, Paris (Frankreich)

Beglückt

Plötzlich erblickte ich ihn in einem schwarzen Bademantel. Er saß da, er trank einen Whisky, er rauchte.

Er sagte, ich hätte geschlafen, er habe geduscht. Ich hatte das Nahen des Schlafs kaum gespürt. Er zündete eine Lampe an auf einem niedrigen Tisch.

Das ist ein Mann mit Gewohnheiten, denke ich mit einem Mal, er kommt vermutlich recht häufig in dieses Zimmer, ein Mann, der ausgiebig lieben muß, das ist ein Mann, der Angst hat, er muß ausgiebig lieben, um seine Angst zu bekämpfen. Ich sage ihm, die Vorstellung gefalle mir, daß er viele Frauen habe und ich eine von ihnen sei, ununterscheidbar. Wir sehen uns an. Er versteht, was ich da gesagt habe. Plötzlich dieser andere Blick, fremd, verfangen in Schmerz, in Tod.

Ich sage ihm, er solle kommen, solle mich von neuem nehmen. Er kommt. Er duftet nach englischen Zigaretten, nach teurem Parfum, er duftet nach Honig, seine Haut hat zwangsläufig den Geruch von Seide angenommen, den würzigen Geruch von Tussahseide, von Gold, er ist begehrenswert. Ich sage zu ihm, daß ich ihn begehre. Er sagt, ich solle noch warten. Er redet, er sagt, er habe sofort, schon bei der Überquerung des Flusses, gewußt, daß ich so sein würde nach meinem ersten Liebhaber, daß ich die Liebe lieben würde, er sagt, er wisse bereits, daß ich ihn betrügen, daß ich alle Männer, mit denen ich zusammenkäme, betrügen würde. Er sagt, was ihn angehe, so sei er das Instrument seines eigenen Unglücks. Ich bin glücklich über alles, was er mir prophezeit, und ich sage es ihm. Er wird brutal, seine Stimmung ist verzweifelt, er wirft sich auf mich, er verschlingt die Kinderbrüste, er schreit, er flucht. Das Lustgefühl ist so groß, daß ich die Augen schließe. Ich denke: er ist es gewohnt, das ist die Beschäftigung seines Lebens, die Liebe, nur das. Seine Hände sind geübt, wunderbar, vollkommen. Ich habe großes Glück, das ist mir klar, er beherrscht es wie einen Beruf, weiß ohne es zu wissen, weiß was zu tun ist, was gesagt sein muß. Er nennt mich Hure, Miststück, er sagt, ich sei seine einzige Liebe, und das ist es, was er sagen muß und was man sagt, wenn man die Worte sich selbst überläßt, wenn man den Körper sich selbst überläßt, ihn finden und nehmen läßt, wonach ihn verlangt, und dann ist alles gut, es gibt keinen Verlust, die Verluste sind gedeckt, alles stürzt in den Strudel, in die Gewalt der Begierde.

Der Lärm der Stadt ist so greifbar nah, daß man hört, wie er ans Holz der Jalousien schlägt. Es dröhnt, als gehe die Menschenmenge durchs Zimmer. Ich liebkose seinen Körper in diesem Lärm der durchziehenden Menge. Das Meer, die Unendlichkeit, die sich formt, sich entfernt, zurückkehrt.

    Ich hatte ihn gebeten, es wieder und wieder zu tun. Es mir zu tun. Er hat es getan. Er hat es getan im Seim des Bluts. Und das war zum Sterben schön. Zum Sterben.

Sally Rooney
* 20. Februar 1991, Castlebar (Irland)

Gespannt

In der folgenden Woche arbeitete Melissa in London. Es war die heißeste Woche des Jahres, und Bobbi und ich saßen auf dem leeren Unicampus und aßen Eis und versuchten, braun zu werden. Eines Nachmittags schrieb ich Nick eine E-Mail und fragte, ob ich vorbeikommen könne, ich wolle mit ihm reden. Er war einverstanden. Ich sagte Bobbi nichts davon. Ich hatte meine Zahnbürste dabei.

Als ich dort ankam, waren alle Fenster und Türen geöffnet. Ich klingelte trotzdem an der Haustür und hörte, wie er von der Küche aus »Herein« rief, ohne nachzusehen, wer es war. Ich schloss trotzdem die Tür hinter mir. Als ich hereinkam, trocknete er sich die Hände an einem Geschirrtuch, als hätte er gerade gespült. Er lächelte und sagte, es habe ihn nervös gemacht, dass er mich wiedersehen würde. Der Hund lag auf dem Sofa. Ich hatte ihn vorher noch nie auf dem Sofa liegen sehen und fragte mich, ob Melissa es ihm vielleicht nicht erlaubte, dort zu schlafen. Ich fragte Nick, warum er nervös war, und er lachte und zuckte leicht die Schultern, was aber eher entspannt als angespannt wirkte. Ich lehnte mich gegen die Küchentheke, während er das Geschirrtuch zusammenlegte.

Also, du bist verheiratet, sagte ich.

Ja, sieht ganz so aus. Willst du was trinken?

Ich ließ mir eine kleine Flasche Bier geben, aber nur, weil ich etwas brauchte, um mich daran festzuhalten. Ich fühlte mich unruhig, so wie man sich fühlt, wenn man bereits etwas Falsches getan und dann Angst vor den Konsequenzen hat. Ich sagte ihm, ich wolle kein Störfaktor oder so etwas sein. Er lachte darüber.

Das ist lustig, sagte er. Was meinst du damit?

Ich meine, du hast vorher nie eine Affäre gehabt. Ich will deine Ehe nicht kaputtmachen.

Oh, also, diese Ehe hat so einige Affären überlebt, ich war nur nie an ihnen beteiligt.

Er sagte es ganz vergnügt, und ich musste lachen, es führte allerdings – vermutlich beabsichtigt – auch dazu, dass ich mich entspannte, was die Moral der Sache betraf. Ich hatte kein Mitgefühl für Melissa haben wollen, und jetzt merkte ich, wie sie völlig aus dem Bild geriet, was mein Mitgefühl anging, so als wäre sie Teil einer anderen Geschichte mit anderen Figuren.

Als wir raufgingen, sagte ich zu Nick, dass ich noch nie zuvor mit einem Mann geschlafen hatte. Er fragte, ob das eine große Sache sei, und ich sagte, wahrscheinlich nicht, aber es wäre vermutlich komisch, wenn er es später herausfand. Während wir uns auszogen, versuchte ich, ruhig zu wirken und nicht zu heftig zu beben. Es machte mir Angst, mich vor ihm auszuziehen, mir fiel nicht ein, wie ich meinen Körper abschirmen konnte, ohne dass es unbeholfen oder unattraktiv wirkte. Er hatte einen sehr beeindruckenden Oberkörper, wie eine Statue. Mir fehlte die Distanz, die zwischen uns gewesen war, als er beobachtet hatte, wie man mir applaudierte. Jetzt schien sie mir schützend, sogar notwendig. Aber als er mich fragte, ob ich mir sicher sei, dass ich das hier tun wolle, hörte ich mich sagen: Ich bin nicht wirklich den ganzen Weg hier rausgekommen, nur um zu reden.

Im Bett fragte er mich oft, was sich gut anfühle. Ich sagte, alles fühle sich gut an. Ich fühlte mich sehr erhitzt, und ich gab ständig Laute von mir, aber nur einzelne Silben, keine echten Wörter. Ich schloss die Augen. Das Innere meines Körpers war so heiß wie Öl. Eine überwältigende und heftige Energie hatte Besitz von mir ergriffen und schien mich zu bedrohen. Bitte, sagte ich. Bitte, bitte. Irgendwann setzte sich Nick auf, nahm eine Packung Kondome aus seinem Nachttisch, und ich dachte: Ich werde nach dieser Sache nie wieder ein Wort rausbringen. Aber ich gab mich ohne Widerstand hin. Nick murmelte das Wort »Entschuldige«, als stellten die wenigen Sekunden, die ich wartend dort gelegen hatte, ein minderschweres Unrecht seinerseits dar.

Als es vorbei war, lag ich zitternd auf dem Rücken. Ich war die ganze Zeit über so schrecklich laut und theatralisch gewesen, dass es nun unmöglich war, mich gleichgültig zu geben, wie ich es in den E-Mails tat.

Das fühlte sich ganz okay an, sagte ich.

Ah ja?

Ich glaube, es hat mir besser gefallen als dir.

Nick lachte und hob den Arm, um die Hand hinter seinen Kopf zu legen.

Nein, sagte er, hat es nicht.

Du warst sehr lieb zu mir.

Ja?

Ernsthaft, ich weiß es wirklich zu schätzen, wie lieb du warst, sagte ich.

Warte. Hey. Ist alles in Ordnung?

Kleine Tränen traten mir aus den Augen und tropften auf das Kissen. Ich war nicht traurig, ich wusste nicht, warum ich weinte. Ich hatte dieses Problem vorher schon gehabt, mit Bobbi, die glaubte, dass es ein Ausdruck meiner unterdrückten Gefühle war. Ich konnte die Tränen nicht aufhalten, also lachte ich stattdessen einfach zurückhaltend, um zu zeigen, dass ich das Weinen nicht für wichtig hielt. Ich wusste, dass ich mich schrecklich blamierte, aber ich konnte nichts daran ändern.

Das passiert, sagte ich. Es hat gar nichts mit dir zu tun.

Nick legte seine Hand auf meinen Körper, direkt unter meine Brust. Ich fühlte mich beruhigt, als wäre ich ein Tier, und weinte noch mehr.

Bist du sicher?, fragte er.

Ja. Du kannst Bobbi fragen. Ich meine, tu's nicht.

Er lächelte und sagte: Bestimmt nicht. Er streichelte mich mit den Fingerspitzen, so wie er seinen Hund liebkoste. Ich wischte mir barsch das Gesicht ab.

Du bist wirklich sehr schön, sagte ich.

Er lachte.

Mehr hast du nicht für mich?, fragte er. Ich dachte, du magst meine Persönlichkeit.

Hast du denn eine?

Er drehte sich auf den Rücken und sah gedankenversunken an die Decke. Ich kann nicht glauben, dass wir das getan haben, sagte er. Da wusste ich, dass das Weinen vorüber war. Ich fühlte mich wohl mit allem, woran ich denken konnte. Ich berührte die Innenseite seines Handgelenks und sagte: Doch, kannst du.

Am nächsten Morgen erwachte ich spät. Nick machte Arme Ritter zum Frühstück, und ich nahm den Bus zurück in die Stadt. Ich saß hinten, neben dem Fenster, und die Sonne bohrte sich in mein Gesicht, und der Stoff des Sitzes fühlte sich großartig an auf meiner nackten Haut.

Maria Sveland
* 26. November 1974, Örebro (Schweden)

Unkompliziert

Auch Doris Day hatte kein einfaches Leben, das wirkte nur so auf den Bildern. An manchen Tagen dachte ich, alle, die behaupten, eine glückliche Kindheit gehabt zu haben, lügen. An anderen Tagen dachte ich, alle, die länger als zehn Jahre verheiratet sind, sollten sich trennen. Und an wieder anderen richtete ich die Bitterkeit nach innen. Dann dachte ich, alle wissen, wie es geht, wissen, was sie wollen, machen, was sie wollen, und wollen die richtigen Dinge, alle außer mir.

David hatte den gleichen amerikanischen bombastischen Blick aufs Leben wie Doris Day. Qué será, es ist, wie es ist, und wenn du auf dem Foto fröhlich aussiehst, dann bist du es auch. Er fand meine schwedische Schwermut überflüssig.

»But why?«, sagte er, wenn ich von meinen dunklen Gedanken und Zweifeln erzählte. Ich versuchte, es zu erklären, aber er runzelte nur die Stirn und küsste mich auf die Lider. Er sprach Selbstverständlichkeiten aus, als wären sie schwer verständliche Wahrheiten, überschüttete mich mit Liebeserklärungen und fand, wozu braucht man richtiges Essen, wenn man Nachtisch haben kann. Er bestellte zum Mittagessen munter Pannacotta, Tiramisu, Zitronentörtchen und Mandelkuchen. Nichts schien ihn zu bekümmern, obwohl er als Hochzeitsfotograf, Theaterproduzent und Barista arbeiten musste, damit es zum Leben reichte. Er überlegte, ob er einen vierten Job annehmen und in einer Art Pornofilm mitmachen sollte.

»Why not?«, sagte er empört, als ich meine Zweifel äußerte. Ich hielt einen langen einfühlsamen Vortrag, wie wichtig körperliche Integrität war und dass kein Mensch Sex gegen Bezahlung haben sollte. Meine eigenen Worte regten mich so sehr auf, dass ich zu weinen anfing.

»Oh my god, you're such a delicate flower!«, sagte David zufrieden und tröstete mich mit noch mehr Küssen und Streicheln.

Ich mochte seine neugierigen, geduldigen Hände an meinem Körper. Seine Erregung und seine sanfte und gierige Art zu lieben. Ich mochte es, hinterher eng umschlungen beieinanderzuliegen, die Gesichter nahe zusammen, während David viel zu große Worte flüsterte, die ich eigentlich sofort zurückweisen wollte.

Mir gefiel es, dass er das Bett am liebsten gar nicht verlassen wollte, obwohl wir auf Capri waren und wir die Insel erforschen und die *Sehenswürdigkeiten* besuchen sollten. Mir gefiel, dass er so total anders war als alle, mit denen ich bisher zusammen gewesen war, und dass gerade er der Beginn zu meinem neuen Leben als geschiedene Frau war. Aber am meisten gefiel mir, dass es so unkompliziert war, warme Gefühle zu haben und gleichzeitig zu wissen, dass wir uns nach einer Woche wieder trennen würden. Zu wissen, dass ich mich hingeben konnte, ohne dass es Konsequenzen hatte. Tschüs, Schatz, danke für diese Woche! Hab ein schönes Leben. Du auch.

David war das Sorbet, das manchmal bei einem italienischen Acht-Gänge-Menü zwischendurch serviert wird, um andere Geschmacksknospen anzusprechen. Er bereitete mich vor und machte mich empfänglicher für die neuen Gänge, die kommen würden. Ich liebte so viel mit ihm, ohne *ihn* zu lieben. Das verwunderte und erleichterte mich.

Das muss es gewesen sein, was Erica Jong meinte, als sie in *Angst vorm Fliegen* vom »Spontanfick« schrieb. Begegnungen, die niemanden verletzen, bedingungslos, ohne Erwartungen, außer sich ein paar schöne Stunden zu machen. Ich war so indoktriniert von all den Liebesgeschichten, die behaupteten, man könne keinen guten Sex mit jemandem haben, ohne Gefühle für den anderen zu hegen, dass ich erstaunt war, als ich entdeckte, dass es genau umgekehrt war. Das Problem war nicht, gute, zärtliche, nette, genussvolle sexuelle Begegnungen mit Menschen zu haben. Solange es nichts mit Liebe zu tun hatte, war alles einfach. Die Liebe machte es gefährlich und schwierig.

Eine andere Sache, die ich nicht verstand, war, dass Erica Jong schrieb, ein Spontanfick sei seltener zu finden als ein Einhorn. Seit ich geschieden war, wusste ich, dass sie sich irrte. Spontanficks waren leicht zu haben und quasi unerschöpflich. Verschwand einer, tauchte gleich der Nächste auf. Aber die *Liebe* war so selten wie ein Einhorn.

Als die Woche vorbei und es Zeit zum Heimfahren war, hatte ich aufgehört zu weinen. Mein Körper war wund und wohlig vor Liebe. Gedopt durch orgasmische Hormone, Dopamin, Oxytocin, Endorphine und Kortikosteroide. Ich war high und betäubt zugleich.

Sein Flug ging eine Stunde später als meiner, und wir küssten uns am Gate. Unser Abschied hatte nichts Trauriges, nicht einmal etwas Wehmütiges, nur große Freude und Seligkeit über das Erlebte.

Als das Flugzeug abhob und die Insel Capri sich in einen Punkt verwandelte, dachte ich, dass vielleicht doch alles gut werden würde. Qué será. Ich spürte meine heißen Wangen. Das Herz schlug, das Blut pulsierte. Ich lebte.

Franziska zu Reventlow
* 18. Mai 1871, Husum
† 26. Juli 1918, Locarno (Schweiz)

Ehrlich

Bei den ersten Jugendlieben schrieb ich immer ein pathetisches Datum: sieben Uhr morgens – die Vögel zwitschern schon vor meinem Fenster –; ob sie wirklich zwitscherten, weiß ich heute nicht mehr zu sagen, aber es machte sich so hübsch. Oder: Mitternacht – meine Tante ist schon schlafen gegangen ...

Soll ich das bei Ihnen auch so machen? Etwa: zwei Uhr früh – eben geht er die Treppe hinunter – die Stufen knarren, und es wäre mir sehr peinlich, wenn man ihn hörte.

Sie würden natürlich gleich alles mögliche wissen wollen: wer denn? – und wieso? – und was gefällt Ihnen nun schon wieder an diesem Menschen?

Ich hab's ja gleich gewußt, o Freund meiner Seele, als Ihr Brief kam. Gleich gewußt, daß Sie Ihr Steckenpferd – man könnte es allmählich wohl eher als Streitroß bezeichnen – wieder gehörig tummeln würden. Kann man Sie denn immer noch nicht davon kurieren? Sind wieder einmal alle Teegespräche und alle Demonstrationen am lebenden Objekt umsonst gewesen? Ich fürchte: Ja – Sie werden stets von neuem beklagen, daß gerade die Frauen, die man am meisten schätzt, so »furchtbar wahllos« sind. – Und ich habe gar keine Lust, Ihnen immer wieder etwas vorzuleben, damit Sie zur Einsicht kommen. Ich müßte mich denn zur Abwechslung einmal nach *Ihrem* Geschmack richten, und das – nein, das ist zu viel verlangt.

Übrigens behauptet fast jeder Mann, man sei wahllos. Der eine begreift nicht, daß man sich in einen Friseurtypus oder Tenor verlieben kann, und würde Naturburschen verzeihlicher finden. Der andere hat keine Auffassung dafür, daß exotischer Typ und gebrochenes Deutsch zu den unwiderstehlichen Attraktionen gehören.

Nun – das wenigstens haben Sie mir ja manchmal nachfühlen können. Aber für »Paul« hatten Sie kein Verständnis – gar keines. Sie fanden es nicht recht der Mühe wert, daß ich seinetwegen hierher fuhr, daß Sie Ihr eigenes Reiseprogramm umstürzen und wir beide vierzehn Tage im Regen herumlaufen mußten. Es tut mir leid, aber ich muß bei dem Gedanken so lachen, daß meine Teenachbarn mich eben ganz erstaunt ansehen.

Ja, Paul – Paul war in diesem Fall nur ein Sammelname. Er hieß gar nicht Paul – er war es nur. Es gibt eine bestimmte Art von Erlebnis, das ich Paul nenne, aus dankbarer Erinnerung an seinen ersten Vertreter. Ich meinte auch, ich hätte Ihnen das schon einmal erklärt, aber Sie haben es anscheinend nicht ganz begriffen.

Paul ist eine Begebenheit, die immer von Zeit zu Zeit wiederkehrt. Nicht etwa, weil sie besonders tiefen Eindruck gemacht hätte – im Gegenteil, Paul ist immer etwas Lustiges, Belangloses, ohne Bedenken und ohne Konsequenzen. Aber er kommt immer wieder, wenn auch jedesmal in etwas veränderter Form und Gestalt.

Paul kann alles mögliche sein, verheiratet oder Junggeselle, Leutnant, Ingenieur, junger Arzt, Afrikareisender – es kommt auch vor, daß er gar keinen Beruf hat. Manchmal ist er auch »drüben« geboren, dann nennt er sich Pablo und rollt das R – vorausgesetzt, daß der Vorname stimmt, was merkwürdigerweise oft, aber natürlich nicht immer der Fall ist. Man lernt ihn in Sommerfrischen, in Hotels und auf Reisen kennen; an einem festen Wohnort – nein, ich glaube kaum, höchstens wenn er sich vorübergehend dort aufhält. Zu Paul gehören immer Koffer und Kellner, irgendeine momentane und geräuschvolle Umgebung. Man erkennt ihn auf den ersten Blick, wenn er einem im Coupé gegenübersitzt oder in ein Hotel herein kommt, man weiß sofort: das ist Paul. Es dauert auch nie sehr lange, bis man sich kennt, duzt (mit Paul muß man sich duzen, es geht nicht anders) und ganz genau weiß, wie sich nun alles entwickeln wird. Ich habe mir auch angewöhnt, ihn immer so zu nennen. Wenn ich das erste Mal sage: du – Paul – so ist er sehr erstaunt und fragt, mit wem ich ihn jetzt verwechselt habe. – Nun, mit Paul natürlich – und dann bleibt es dabei. Ich hüte mich wohl, ihn aufzuklären, daß es in Wirklichkeit gar keine Verwechselung ist. Er würde es nicht verstehen.

Paul ist auch selten eifersüchtig, wahrscheinlich, weil er sich seiner wechselvollen Vergänglichkeit dunkel bewußt ist. Er wird mir auch sicher niemals Vorwürfe über meine Wahllosigkeit machen.

Und Sie denken jetzt wohl: Gott sei Dank, daß ich nicht Paul bin. Sie haben nicht ganz unrecht – Paul wird in der Regel bald langweilig, und man entflieht ins *Tea-room*.

[...]

Gestern habe ich lebhaft an Sie denken müssen. – O Regenstadt – o *Tea-room* – o Teegespräch!

Ich habe inzwischen verschiedene Leute kennengelernt, und diese verschiedenen Leute saßen gestern hier an unserer geheiligten Stätte zusammen und verrannten, verbohrten, verwickelten sich in ein endloses Gerede über Liebe, Erotik und was dazugehört.

Apropos – Erotik! ich kann das Wort bald nicht mehr hören. Schade, daß es kein anderes dafür gibt. Die allerunmöglichsten Leute führen es schon im Munde und schmücken ihre unsympathischen oder obskuren Erlebnisse damit. Es geht nicht mehr, wir sollten es uns abgewöhnen – ja, aber im Teegespräch müssen wir es wohl *faute de mieux* einstweilen noch beibehalten, da hört es ja auch niemand.

Was wollte ich Ihnen denn erzählen? – Daß diese Leute wieder einmal das Wesen aller Dinge endgültig feststellten, alles schön sortierten, in Schachteln taten und Etiketten daraufklebten, nach meinem Gefühl aber immer in die falsche Schachtel und mit falscher Etikette.

Liebe und Erotik zum Beispiel kamen in denselben Karton. Ich brauchte nur bis Paul zu denken – oder, wenn es Ihnen lieber ist, an Sie, um das unbillig zu finden.

Ach, mein Gott, wenn alles immer Liebe oder auch nur etwas Ähnliches sein sollte, wo käme man da hin? Jedesmal Seligkeit, wenn es anfängt, »Konflikte«, während es dauert, und große Tragik, wenn es zu Ende geht – so etwa schienen diese Gerechten es sich vorzustellen –, nein, das möchte wirklich zu weit führen.

Die Frau wolle doch wenigstens die Illusion haben, daß sie liebt, wenn sie einem Mann angehört – meinte jemand, und die anderen stimmten ihm bei.

Das ist hart, sehr hart. Schon das diktatorische: *die* Frau, *der* Mann. Wer sind diese Frau und dieser Mann?

Warum wohl überhaupt diese Sucht, diese schöne Vielfältigkeit des Lebens und all seiner Möglichkeiten abzuleugnen oder wenigstens nach Kräften einzuschränken? Wie Kellner – es gibt solche –, die gerne die große Speisekarte wegstecken, damit man das bequeme, aber unausstehliche Menü wählen soll.

»Man« tut doch schließlich in erster Linie, was einen freut, und weil es einen freut. Und das ist natürlich jedesmal etwas anderes. Es kann wohl manchmal Liebe und große »Leidenschaft« sein, aber ein andermal – viele, viele andere Male ist es nur Pläsier, Abenteuer, Situation, Höflichkeit – Moment – Langeweile und alles mögliche. Jede einzelne Spielart hat ihre besonderen Reize, und das Ensemble aller dieser Reize dürfte man wohl Erotik nennen.

Es kommt der »Frau« auch gar nicht in den Sinn, sich immer einzureden, daß es Liebe ist, im Gegenteil, das wäre ihr manchmal nur peinlich, und sie ist recht froh, daß es sich anders verhält. Man braucht doch auch Erholung vom Ernst des Lebens.

Elsa von Freytag-Loringhoven

* 12. Juli 1874, Swinemünde (heute Polen)
† 14. Dezember 1927, Paris (Frankreich)

Wetterleuchte

Lass mich deine Lippen trinken –
Lass mich schlucken deinen Atem –
Deiner Wind bepulsten Haut
Atem Zucken lass mich schmecken!

Jede deiner schwarzen Haare
Strähne – stürzt in Liebes Starre –
Dein Gesicht blitzt – donnerfahl
Eine trunkne Blum.

Ingeborg Bachmann
* 25. Juni 1926, Klagenfurt (Österreich)
† 17. Oktober 1973, Rom (Italien)

Frei

Charlotte schrak auf durch einen tiefen Atemzug, den Mara tat, und sah, daß das Mädchen eingeschlafen war. Sie war jetzt allein, wachte über dem, was möglich geworden war. Sie wußte im Augenblick überhaupt nicht, warum sie je mit Männern gewesen war und warum sie einen geheiratet hatte. Es war zu absurd. Sie lachte in sich hinein und biß sich in die Hand, um sich wach zu halten. Sie mußte Nachtwache halten.

Wenn nun der alte Bund zerriß? Sie fürchtete die Folgen, die dieses Zerreißen haben mußte. Bald würde sie aufstehen, Mara wecken, mit ihr ins Schlafzimmer gehen. Sie würden die Kleider abstreifen; mühselig würde es sein, aber es gehörte dazu, so mußte begonnen sein. Ein Neubeginn würde es sein. Aber wie soll man sich nackt machen, beim allerersten Mal? Wie soll das geschehen, wenn man sich nicht verlassen kann auf Haut und Geruch, auf eine von vieler Neugierde genährte Neugier. Wie eine Neugier herstellen zum erstenmal, wenn noch nichts ihr vorausgegangen ist?

Sie war schon öfters, halbnackt oder in dünner Unterwäsche, vor einer Frau gestanden. Es war ihr immer peinlich gewesen, einen Augenblick lang zumindest: in der Badekabine mit einer Freundin; im Wäschegeschäft, im Modegeschäft, wenn eine Verkäuferin ihr half, Korsetts und Kleider anzuprobieren. Wie aber sollte sie vor Mara herausschlüpfen aus dem Kleid, es fallen lassen, ohne den Anfang zu versäumen. Aber vielleicht – und das erschien ihr plötzlich wunderbar – würden sie beide gar nicht verlegen sein, weil sie die gleichen Kleidungsstücke trugen. Sie würden lachen, sich mustern, jung sein, flüstern. Im Turnsaal, in den Schulen, war immer dieser Wirbel gewesen von Kleidungsstücken, dünnem Zeug in Rosa und Blau und Weiß. Gespielt hatten sie als Mädchen damit, sich gegenseitig die Wäsche an den Kopf geworfen, gelacht und um die Wette getanzt, einander die Kleider versteckt – und hätte der Himmel damals noch Verwendung für die Mädchen gehabt, so hätte er sie gewiß an die Quellen, in die Wälder, in die Grotten versetzt, und eine zum Echo erwählt, um die Erde jung zu erhalten und voll von Sagen, die alterslos waren.

Charlotte beugte sich über Mara, die jetzt, im Schlaf, keine Gefahr mehr war, küßte sie auf die Brauen, die schön geschweift und feierlich in dem fahlen Gesicht standen, küßte die Hand, die niederhing von dem Sessel, und dann, sehr heimlich, schüchtern beugte sie sich über den blassen Mund, von dem das Lippenrot im Lauf der Nacht verschwunden war.

Könnte dieses Geschlecht doch noch einmal nach einer Frucht greifen, noch einmal Zorn erregen, sich einmal noch entscheiden für seine Erde! Ein andres Erwachen, eine andere Scham erleben! Dieses Geschlecht war niemals festgelegt. Es gab Möglichkeiten. Die Frucht war nie vertan, heute nicht, heute noch nicht. Der Duft aller Früchte, die gleichwertig waren, hing in der Luft. Es konnten andre Erkenntnisse sein, die einem wurden. Sie war frei. So frei, daß sie noch einmal in Versuchung geführt werden konnte. Sie wollte eine große Versuchung und dafür einstehen und verdammt werden, wie schon einmal dafür eingestanden worden war.

Mein Gott, dachte sie, ich lebe nicht heute, nehme teil an allem, lasse mich hineinreißen in alles, was geschieht, um nicht auch eine eigene Möglichkeit ergreifen zu können. Die Zeit hängt in Fetzen an mir. Ich bin niemands Frau. Ich bin noch nicht einmal. Ich will bestimmen, wer ich bin, und ich will mir auch mein Geschöpf machen, meinen duldenden, schuldigen, schattenhaften Teilhaber. Ich will Mara nicht, weil ich ihren Mund, ihr Geschlecht – mein eigenes – will. Nichts dergleichen. Ich will mein Geschöpf, und ich werde es mir machen. Wir haben immer von unsren Ideen gelebt, und dies ist meine Idee.

Wenn sie Mara liebte, würde alles sich ändern.

Sie würde dann ein Wesen haben, das sie in die Welt einweihen konnte. Jeden Maßstab, jedes Geheimnis würde sie allein vergeben. Immer hatte sie davon geträumt, die Welt überliefern zu können, und hatte sich geduckt, wenn man sie ihr überlieferte, hatte verbissen geschwiegen dazu, wenn man ihr etwas hatte weismachen wollen, und an die Zeit gedacht, in der sie ein Mädchen gewesen war und noch gewußt hatte, wie man sich ein Herz faßt und daß man nichts zu fürchten hatte und vorangehen konnte mit einem dünnen hellen Schrei, dem auch zu folgen war.

Wenn sie Mara lieben könnte, wäre sie nicht mehr in dieser Stadt, in dem Land, bei einem Mann, in einer Sprache zu Hause, sondern bei sich – und dem Mädchen würde sie das Haus richten. Ein neues Haus. Sie mußte dann die Wahl treffen für das Haus, für die Gezeiten, für die Sprache. Sie wäre nicht mehr die Erwählte, und nie mehr konnte sie in dieser Sprache gewählt werden.

Zudem war, bei allen Freuden, die ihr die Liebe zu Männern eingetragen hatte, etwas offengeblieben. Und obwohl sie jetzt, in der Stunde, da sie wachte, noch glaubte, daß sie die Männer liebe: es gab eine unbetretene Zone. Oft hatte Charlotte sich darüber gewundert, daß die Menschen, die besser als Stern, Strauch und Stein zu wissen hatten, welche Zärtlichkeiten sie füreinander erfinden durften, so schlecht beraten waren. In früher Zeit mußten Schwan und Goldregen noch die Ahnung gehabt haben von dem größeren Spielraum, und ganz vergessen konnte in der Welt nicht sein, daß der Spielraum größer war, daß das kleine System von Zärtlichkeiten, das man ausgebildet hatte und überlieferte, nicht alles war an Möglichkeit. Als Kind hatte Charlotte alles lieben wollen und von allem geliebt sein, von dem Wasserwirbel vor einem Fels, vom heißen Sand, dem griffigen Holz, dem Habichtschrei – ein Stern war ihr unter die Haut gegangen, und ein Baum, den sie umarmte, hatte sie schwindlig gemacht. Jetzt war sie längst unterrichtet in der Liebe, aber um welchen Preis! Bei den meisten Menschen schien es sowieso nur eine traurige Ergebung zu sein, daß sie sich miteinander einließen; sie hielten es wohl für notwendig, weil nichts anderes vorlag, und dann mußten sie versuchen zu glauben, daß es richtig war, schön war, daß es das war, was sie gewollt hatten. Und es fiel ihr ein, daß nur einer von allen Männern, die sie gekannt hatte, vielleicht wirklich auf Frauen angewiesen war. Sie dachte an Milan, dem sie nicht genügt hatte, dem nichts genügt hatte, eben darum, und der darum auch gewußt hatte, daß ihr nichts genügte, der sich und sie verwünscht hatte, weil ihre schon verbildeten Körper ein Hemmnis waren bei dem Aufbruch zu schon vergessenen oder noch unbekannten Zärtlichkeiten. Es war zum Greifen nah gewesen, für Augenblicke sogar dagewesen: Ekstase, Rausch, Tiefe, Auslieferung, Genuß. Danach hatte sie sich wieder geeinigt mit einem Mann auf Güte, Verliebtheit, Wohlwollen, Fürsorge, Anlehnung, Sicherheit, Schutz, Treue, allerlei Achtenswertes, das dann nicht nur im Entwurf steckenblieb, sondern sich auch leben ließ.

So war es ihr möglich geworden zu heiraten, sie brachte die Voraussetzungen mit, in den Zustand Ehe einzugehen und sich darin einzurichten, trotz gelegentlicher Auflehnungen, trotz ihrer Lust, an der Verfassung zu rütteln. Aber immer, wenn sie an der Verfassung zu rütteln versucht hatte, war ihr rasch bewußt geworden, daß sie nichts an deren Stelle zu setzen gewußt hätte, daß ihr ein Einfall fehlte und Franz mit seinem Lächeln recht behielt und mit dem Mitleid, das er dann für sie hatte. Sie lebte gerne in seiner Nachsicht. Aber sie war nicht sicher, ob auch er gerne in ihrer Nachsicht gelebt hätte und was geschehen wäre, wenn er je gemerkt hätte, daß sie auch Nachsicht für ihn hatte. Wenn er etwa gewußt hätte, daß sie im geheimen nie glauben konnte, daß es so sein müsse, wie es zwischen ihnen war, und daß sie vor allem nicht zu glauben vermochte, daß er ihren Körper verstand. Ihre gute Ehe – das, was sie so nannte – gründete sich geradezu darauf, daß er von ihrem Körper nichts verstand. Dieses fremde Gebiet hatte er wohl betreten, durchstreift, aber er hatte sich bald eingerichtet, wo es ihm am bequemsten war.

An einer Bewegung des Mädchens, das im Halbschlaf seine Hand nach ihr ausstreckte, mit den Fingern ihr Knie umklammerte, ihre Kniekehle streifte, prüfte und betastete, spürte sie, daß dieses Geschöpf etwas von ihr wußte, was niemand gewußt hatte, sie selber nicht, weil sie ja auf Hinweise angewiesen war. Charlotte lehnte sich zitternd und erschrocken zurück und versteifte sich. Sie wehrte sich gegen den neuen Hinweis.

Laß mich, sagte sie unfreundlich. Laß das. Sofort.

Mara schlug die Augen auf. – Warum?

Ja, warum eigentlich? Warum hörte sie nicht auf zu denken, zu wachen und Totes zu begraben? Warum, da es schon so weit gekommen war, stand sie nicht endlich auf, hob Mara auf und ging mit ihr zu Bett?

Miranda July
* 15. Februar 1974, Barre (Vermont, USA)

Wachgeküsst

Schweigend saßen wir nebeneinander. Nach einer Weile schenkte sie sich ein Glas Wasser ein und trank es in einem Zug aus.

»Möchtest du noch mehr?« Ich stand auf, um das Glas zu nehmen. »Soll ich die Schwester rufen?«

»Kommt dann dieselbe wie vorhin?«

»Sie hat irgendwie komisch gerochen, oder?«

»Ja, wie Metall«, sagte Clee ernst.

Ich lachte.

»Wirklich«, sagte sie. »Von dem Geruch taten mir die Zähne weh!«

Auch das fand ich lustig. Kichernd griff ich nach dem Bettgeländer; ich fühlte mich leicht hysterisch. Clees Lachen war rau und unschmeichelhaft; ihr Mund wurde riesig. Da war das Lächeln, das ich schon einmal gesehen hatte. Sie blickte auf meine Lippen; nachdem ich aufgehört hatte zu kichern, wischte ich mit den Fingern darüber. Wir waren fertig mit Lachen. Sie blickte immer noch auf meinen Mund, und ich hielt die Hand davor. Ohne ein Wort schob sie sie beiseite und küsste mich sanft. Dann ging sie ein Stück zurück, schluckte und begann von Neuem. Wir küssten uns. Eine Weile küsste ich sie und dachte dabei, ich küsse sie ja nicht *so*. Ich küsste sie ungewohnt weich, immer wieder und wieder mit dem ganzen Mund, und sagte mir, dass es viele Familien gab, in denen man sich ungeniert küsste, auch auf den Mund, Franzosen, junge Leute, Leute auf dem Land, Römer ...

Nach einer Weile war diese Hypothese nicht mehr haltbar; sie rieb mir den Rücken, strich mir übers Haar und nahm mein Gesicht in die Hände. Ich strich ihr immer wieder über die Zöpfe, als hätte ich sie schon seit Millionen von Jahren berühren wollen und könnte jetzt gar nicht genug davon bekommen. Nach einer ganzen Weile, zehn oder fünfzehn Minuten, ebbte das Küssen ab. Es folgten mehrere Abschlussküsse, Adieuküsse, Küsse wie Deckel auf Kisten, die dann doch wieder absprangen und ersetzt werden mussten. Da, der letzte Kuss – nein, der hier, das ist der letzte. Der hier, der ist es wirklich. Und jetzt gebe ich diesem Kuss noch einen Gute-Nacht-Kuss. Sie schaltete das Licht neben ihrem Bett aus. Ich trat zurück und kauerte mich auf meine Liege. Sie stellte ihr Bett wieder flach; das Summen des Motors füllte den Raum. Dann Stille.

Ich war noch nie in meinem ganzen Leben so wach gewesen. Was hatte das zu bedeuten? Was hatte das zu bedeuten? Ich hatte seit Jahren niemanden mehr geküsst. Und jemanden mit so seidigen Lippen noch nie. Mochte ich es überhaupt? Mir war ein bisschen übel davon geworden. Ich wollte mehr. Wahrscheinlich würde es nicht noch einmal vorkommen. Wir steckten in einer Krise. Genau so etwas passiert ohne Grund mitten in der Nacht, wenn man in einer Krise steckte. Was hatte es zu bedeuten? Ich wurde rot bei dem Gedanken daran, wie ausgehungert ich mich verhalten hatte. Als hätte ich danach gelechzt, das zu tun. Wo mir doch eigentlich nichts ferner lag als das. Ich hob den Finger – nichts ferner als das! –, aber die Geschworenen waren unerbittlich. Wie würde es uns am Morgen gehen?

Simone de Beauvoir
* 9. Januar 1908, Paris (Frankreich)
† 14. April 1986, ebenda

Beschämt

Das Brautpaar hatte beschlossen, erst am nächsten Tag in die Bretagne abzureisen. Nachdem Denis den Chauffeur offiziell beauftragt hatte, sie zur Gare Montparnasse zu fahren, gab er ihm unterwegs die Adresse eines Hotels an, wo sie ein Zimmer für die Nacht reservierten. Sie gingen in einem großen Straßencafé einen Portwein trinken, und Denis lud Marcelle zu einem auserlesenen Abendessen bei Weber ein. Sie war etwas überrascht zu sehen, daß er viel und mit Genuß aß. Sie selbst war so aufgeregt, daß die Bissen ihr im Hals steckenblieben und sie das Essen kaum anrührte. Sie wartete so ungeduldig auf die Nacht, daß Schauer ihren Körper überliefen; gleichzeitig hatte sie Angst. Sie hatte natürlich gehört, daß Frauen in ihrem Alter die Jungfräulichkeit ohne Schmerzen verloren, aber das beruhigte sie nur halbwegs.

Als sie die Hoteltreppe hinaufstieg, gaben ihre Beine unter ihr nach. Sie hatte den Wunsch, sich neben Denis zu setzen, seine Hände zu nehmen und ernst mit ihm über den bevorstehenden feierlichen Akt zu sprechen. In der unvollkommenen Vereinigung ihrer Körper würden ihre Seelen vielleicht vergeblich versuchen, sich zu finden. In Denis' Arme geschmiegt, hätte Marcelle gerne über die pathetische Größe dieses Versuchs geweint und wäre von Tränen sanft zu Liebkosungen übergegangen.

Doch Denis schien den Ernst des Augenblicks nicht zu spüren. In ungezwungenem Ton sagte er, daß er vor Müdigkeit sterbe, und ging ins Bad, um sich auszuziehen. Als er klopfte, lag Marcelle schon im Bett; sie hatte ein blaßgrünes Nachthemd mit Spitzen angezogen, und ihr Herz pochte.

Neben ihr liegend, sprach Denis eine Weile über Nebensächliches, dann fing er ohne Hast an, sie zu küssen. Unter seinen Küssen fühlte Marcelle das Blut in ihre Schläfen steigen, ihre Lippen und Brüste schwellen. ›Jetzt wird er das Licht ausmachen‹, dachte sie. ›Wird er mir sehr weh tun?‹

Denis zog Marcelle das blaßgrüne Nachthemd über den Kopf und machte das Licht nicht aus. Unter den Küssen, die ihre Brust, ihren Bauch bedeckten, schloß sie die Augen und fing an zu zittern. Der Gedanke, daß der Blick eines Mannes sich an ihrer Nacktheit weidete, ließ sie vor Scham erschauern, einer Scham, die süßer war als die süßeste Liebkosung.

Denis drückte sie an sich, und sie fühlte die Wärme, die weiche Geschmeidigkeit eines nackten Körpers, der sich gegen ihren preßte. An ihrem Bauch zuckte etwas Geheimnisvolles, Bebendes und Hartes. Doch mehr als diese animalische Berührung verwirrten Marcelle die geschickten Hände, die sie streichelten. Diese Hände waren nicht nur ein sanftes Streicheln auf der Haut: sie waren mit Bewußtsein und Willen ausgestattet. Indiskret, gebieterisch zwangen sie zur Lust, ihre Tyrannei ließ Marcelle vor Wollust schwach werden.

Sie hob die Augenlider. Denis' Gesicht tauchte vor ihr auf, von der Begierde verändert, fast unkenntlich. Er schien fähig, sie zu schlagen, sie zu foltern. Dieser Anblick erfüllte Marcelle mit so durchdringender Lust, daß sie anfing zu stöhnen. ›Ich bin ihm ausgeliefert‹, sagte sie sich und versank in einer Ekstase, in der sich Scham, Furcht und Freude mischten. Sie stöhnte so laut, daß Denis ihr den Mund mit der Hand zuhalten mußte. Sie küßte diese Hand. Sie hätte Denis gerne zugerufen, daß sie sein Objekt, seine Sklavin war, und Tränen liefen ihr die Backen hinunter. Plötzlich drang er in sie ein. Ohne daß sie gerade Lust empfand, verschlug ihr diese Vergewaltigung ihres geheimsten Fleisches vor Dankbarkeit und Demut den Atem. Mit leidenschaftlicher Unterwürfigkeit nahm sie jeden von Denis' Stößen hin, und als wollte sie diese Inbesitznahme noch vollständiger machen, versank sie in bewußtloses Dunkel.

Als sie aus ihrer Benommenheit erwachte, hatte Denis wieder sein normales Gesicht und lächelte. Da zog sie verlegen die Decke bis zum Kinn. Sie wollte etwas sagen, aber es fiel ihr nichts ein.

»Bist du glücklich?« murmelte er.

»Ja, ja«, sagte sie kurz auflachend.

In diesem Augenblick haßte sie ihn zutiefst; voller Wut dachte sie daran, daß sie in seinen Armen gestöhnt hatte und daß er das Ausmaß ihrer Erregung hatte ahnen können. Sie errötete vor Scham, und diesmal war ihre Verwirrung mit keinerlei Lustgefühl verbunden.

Es gab ein verlegenes Schweigen, dann sagte sie spontan:

»Wie komisch es ist, in Paris zu sein und in einem Hotel zu übernachten. Es wäre reizvoll, Paris nicht zu kennen und die Flitterwochen hier zu verbringen, nicht wahr?«

Denis stimmte ihr zu. Er liebte Paris unendlich und meinte sogar, es sei der einzige Ort auf der Welt, wo es sich zu leben lohnte. Die Reize der Natur dagegen berührten ihn kaum. Voller Begeisterung machte sich Marcelle daran, sie ihm aufzuzählen. Sie sagte ihm, wie glücklich sie sei, bald den Strand des Mont-Saint-Michel und die bretonische Heide kennenzulernen, die, wie sie meinte, eine genaue Wiedergabe ihrer inneren Landschaft sei. Nachdem er ihr höflich zugehört hatte, unterbrach Denis sie abrupt, indem er sie umarmte und ihren Mund suchte.

Marcelle versteifte sich in seinen Armen. Wieder stieg ihr das Blut in dumpfen Wellen in den Mund, aber diesmal wußte sie Bescheid, sie wußte, daß diese drängenden Hände sie in einem Abgrund von Gemeinheit versinken lassen wollten. Dieser Mann war ein Feind, er würde über ihren Fall höhnisch lachen. Sie fühlte das Entsetzliche dieser Demütigung so stark, daß sie vor Begehren anfing zu zittern. Von ihrer Leidenschaft hingerissen, biß sie Denis in die Schulter. Er erschauerte, seine Hände krallten sich in Marcelles Körper, und seine Zähne bohrten sich in ihr bebendes Fleisch. Außer sich vor Scham schmiegte Marcelle sich an ihn. Sie murmelte in sich hinein: »Ich bin sein Objekt, ich bin seine Sklavin«, und laut keuchte sie: »Ich liebe dich«.

Louise Labé

* um 1524, Lyon (Frankreich)
† 25. April 1566, Parcieux-en-Dombes bei Lyon (Frankreich)

Glücksströme

KÜSS mich noch einmal, küß mich wieder, küsse
mich ohne Ende. Diesen will ich schmecken,
in dem will ich an deiner Glut erschrecken,
und vier für einen will ich, Überflüsse

will ich dir wiedergeben. Warte, zehn
noch glühendere; bist du nun zufrieden?
O daß wir also, kaum mehr unterschieden,
glückströmend ineinander übergehn.

In jedem wird das Leben doppelt sein.
Im Freunde und in sich ist einem jeden
jetzt Raum bereitet. Laß mich Unsinn reden:

Ich halt mich ja so mühsam in mir ein
und lebe nur und komme nur zu Freude,
wenn ich, aus mir ausbrechend, mich vergeude.

Erin

Erinnern

Olga Grjasnowa
* 14. November 1984, Baku (heute Aserbaidschan)

Nostalgisch

Wir nippten beide verlegen an unserem Bier. Die andere Frau flüsterte ihm etwas ins Ohr, fuhr mit der Zunge über ihre Zähne und ging endlich.

»Mascha, ich wollte dich anrufen, aber ich wusste nicht recht.«

Sami kam näher, so dass sein Mund ganz nah an meinem war. Ich stellte mich auf die Zehenspitzen, streichelte ihm die Haare aus dem Gesicht und küsste seine Stirn.

»Ich habe dich vermisst«, sagte Sami und atmete dabei in mein Ohr aus, so wie er es früher getan hatte, während wir miteinander schliefen. Wir atmeten schwer und fast im gleichen Rhythmus.

Sami sah aus wie jemand, der genau wusste, was zu einem schönen Leben dazugehört, wo man es bekommt, wie man es festhält und letztendlich auch, wie man das schöne Leben wieder verwirft, bevor es einen zu Tode langweilt. Kurz: Er war jemand, der etwas Gefährliches an sich hatte, ohne abschreckend zu wirken. Sein Blick war immer ein wenig zu ernst, und auf seiner Nase, die ich sehr erotisch fand, war ein kleiner Höcker. Diesen Höcker hatte er einer Schlägerei in einer Dorfdisco zu verdanken, die er selber angezettelt hatte.

Obwohl wir schon lange nicht mehr zusammen waren, streckte ich zuweilen reflexartig meine Hand nach ihm aus. Manchmal, wenn ich die Nähe seines Körpers spürte oder ihn zu lange anschaute, war alles wieder da: Liebe und Lust und Hunger und Gier. Zudem hatten wir einander so verletzt, dass es kein Zurück mehr gab.

Catherine Millet
* 1. April 1948, Bois-Colombes (Frankreich)

Verblüfft

Meine Lust war nie größer als beim ersten Mal, nicht beim Vögeln, sondern beim Küssen, mir reichte sogar die erste Umarmung. Natürlich gab es Ausnahmen, dennoch hatte die Fortsetzung, wenn sie nicht gerade unangenehm war, den Geschmack der Waffel, die man bricht, wenn kein Eis mehr übrig ist, das man sich auf der Zunge zergehen lassen kann; die Anziehungskraft eines Bildes, an dem man sich schon zum fünfzehnten Mal geweidet hat. Wenn ich überrascht wurde, war meine Lust am größten. Ich kann mich erinnern, in diesen Situationen die schönsten Orgasmen gehabt zu haben. Zum Beispiel spät in der Nacht gehe ich durch das große Foyer eines *Hotel Intercontinental*, der elegante, vornehme Assistent, der mich seit zwei Wochen auf einer Rundreise durchs Land begleitet, nimmt meinen Arm, als wir uns gute Nacht sagen, er drückt mich an sich und küsst mich auf den Mund. »Morgen früh komme ich auf dein Zimmer.« Ich spüre die Kontraktion bis in den Bauch und mache mich auf den Weg zu den Mädchen an der fernen Rezeption und verstauche mir den Knöchel. Oder ich schwebe knapp über dem Teppichboden zu einem Hausherrn, der ein wenig betrunken mitten unter den anderen Gästen fläzt, er langt in den Nackenausschnitt meines Pullovers, zieht mich an sich und küsst mich lange wie bei diesen Kinoküssen, wo man immer den Kopf hin und her bewegt. Der Abend war nicht so gedacht, dass es zum Sex kommt. Seine Frau unterhält sich im Nebenzimmer, einer seiner Freunde, der wie wir auf dem Boden sitzt und dessen

Gesicht zufällig ganz nah ist, sieht uns verwirrt an. Ich lasse mich völlig gehen. Oder ich bin mit Bruno bei der Ausstellung »Dernier Picasso« im Centre Georges Pompidou; unsere Beziehung ist sehr situationsabhängig. Er verschwindet aus meinem Blickfeld, wenn ich mich einem Bild nähere, doch seine Präsenz wird noch deutlicher, und ich werde plötzlich von einer kurzen, aber spürbaren Hormonausschüttung überrascht. Ich gehe weiter durch die Ausstellung und spüre, wie die Strumpfhose an meinen Schamlippen klebt und beim Gehen an meinen Schenkeln reibt. Während es mir ziemlich egal war, ob ich bei den zielgerichteteren Berührungen der ersten Phase meines Liebeslebens oder in der zweiten Phase beim Geschlechtsverkehr das gleiche Gefühl hatte, hoffte ich, nachdem ich mir seiner Einzigartigkeit bewusst wurde, dass dieser diffuse Druck im Unterleib und die berühmte Welle, die ihn mit sich nimmt, sich gleichermaßen in der Fortsetzung einer Beziehung wieder finden lässt.

Ulla Hahn
* 30. April 1945, Brachthausen (Deutschland)

Wirbelsäule

Ich kenne deine
Runzeln rund um die Augen
von meinen Lippen
und deine Lippen haben
meine aufgespannt
und verbogen
zur Lust auf Lust.

Deine Falten
rechts und links
vom Mund
kennt der Zeigefinger
meiner rechten Hand

deine rechte Hand
verbirgt nichts
was deine Linke tut
meinen beiden Händen.

Ein Stückchen Halshaut
haben sich meine
Augen, Hände und Lippen erschlichen
bis zum obersten Knopf
deines Hemdes.

Aber Phantasie und Erkenntnis-
Theorie
knöpfen dich langsam sorgfältig auf
bis auf die Knochen.

Anja Meulenbelt
* 6. Januar 1945, Utrecht (Niederlande)

Traurig

Anna, die ich Anna nenne weil ich selbst so heißen wollte, ich trauere um Anna. Fast so wie ich, ich liebte sie, weil sie mir gleich war, fühle mich sicherer bei meiner eigenen Art. Anna, die ich nun verloren habe, es wird nie wieder so, die Unschuld von Schwestern, die mit ihren Puppen und dem Puppengeschirr spielen. Die Wärme von Kameraden, die an derselben Sache arbeiten. Mutterbauch, um sich anzukuscheln. Die Berge von Vorwürfen zwischen uns sind nicht mehr wegzuschieben, ihre Angst vor mir lähmt mich. Ich kann nichts mehr mit ihr tun. Ihr Mann und ihre Kinder zwischen uns, die Wohnung, Miete, Kindergeld, Schwiegereltern, die mich mißtrauisch mustern, Hindernisse, gegen die ich nicht ankomme. Wir werden nicht gebilligt. Anna wird ganz einfach wieder die Frau ihres Mannes, unerreichbar für mich.

Was habe ich schon zu bieten, denke ich masochistisch. Emotionen im Überfluß, all meine Neurosen und Traumata, die ich mit ihr teilen will, aber keine Wohnung, Billigung der Nachbarn, Schwiegereltern und einen anerkannten Status. Ich kann ihr keine Sicherheit bieten, nur den Kampf um einen Platz, den wir brauchen und den uns niemand schenken wird. Sie kann es nicht, wird verrückt von den zwei Leben, die sich nicht vereinbaren lassen, und natürlich bin ich diejenige, die im Stich gelassen wird, keine zwölf Jahre Ehe, auf die ich mich berufen kann, nur daß ich kaputt gehe, absterbe, aber wem geht das heute nicht so.

Ich trauere um Anna, lege Platten auf, die wir zusammen gehört haben, und heule. Und lese: Jill Johnston, die weinend nach Spanien fuhr, um ihre Geliebte wiederzufinden. Hoffnungslos, gegen eine Ehe mit einem Mann konnte sie nicht ankommen. Und Kate Millet, die ein Buch lang um Celia trauert. Sie leben noch, Kate und Jill. Frau kann darüber hinwegkommen. Alles gibt sich mit der Zeit, aber die Zeit wundet alle Heilen, sagt Jill, und mit der Fähigkeit zu lieben wächst der Schmerz.

Und dann die Erinnerungen wie ein endloser Pornofilm in meinem Kopf: große weiche Brüste und ein weicher Kaninchenbauch und ihr Rücken kräftiger und breiter als meiner. Ihr Körper fast genauso wie meiner, nur stärker. Geruch, von ihrem Haar, ihren Achselhöhlen, die wieder anders riechen als der Geruch bei einem Schnupperausflug nach unten. Ihr Nacken, und der Geruch von neugeborenen Katzen. Lachen, als sie ein Lockenhärchen zwischen ihren Zähnen nicht herausbekommen kann; hör auf, wenn ich lachen muß, kriege ich keinen Orgasmus. Dann tieftauchendes Schlafen, ihre Brüste, die zuerst mit meinen zusammenzustoßen scheinen, alle vier gleich weich, wir haben Kinder gehabt, aber alles paßt zusammen. Schlafen mit den Armen umeinander, ihr Kopf auf meiner Schulter oder mein Kopf auf ihrer Schulter bis wir uns schlafend umdrehen, mein Bauch gegen ihren Rücken oder mein Rücken gegen ihren Bauch.

Ein Fest, als sie einen Orgasmus hat, ich habe das noch nie so aus der Nähe mitgemacht. Ich fühle alles mit, weil ich weiß, wie es sich anfühlt, ein sanftes Anschwellen, alles ist sanft, und dann ein schnellerer Rhythmus. Als sie mich ruft und mich hochzieht, findet sie ihren Geschmack auf meinen Lippen wieder. Wir fühlen uns vollständig, kuscheln uns zufrieden aneinander und vergessen, unseren Whisky auszutrinken. Zwei halbvolle Gläser am nächsten Morgen, die ich stehen lasse als sie weggeht, dann scheint sie weniger weg zu sein. Abends schlafe ich wieder allein in den Kissen, die noch nach ihr riechen, ich finde ein Lockenhärchen auf dem Laken, dunkel, von ihr.

Hedwig Dohm
* 20. September 1831, Berlin
† 1. Juni 1919, ebenda

Überwältigt

Ich habe den Mann gesehen, den ich hätte lieben müssen, wenn ich ihm in jungen Jahren begegnet wäre; ein Mensch, den die Natur in einer Feierstunde geschaffen hat. Ich sehe ihn täglich. Als er zum ersten Mal über die Schwelle des Hôtel Pagano trat, war er ganz in weißen Flanell gekleidet und trug eine Passionsblume im Knopfloch. Seine Züge sind mild und edel, seine blauen Augen tief, crystallen klar, man glaubt die Gedanken hindurch schimmern zu sehen. Er sitzt mir gegenüber bei Tisch. Er ist wie ein Psalm. Ich höre Harfenklänge, wenn er spricht. Er ist Arzt.

Es fragte ihn Jemand, warum er immer Passionsblumen im Knopfloch trüge.

»Es blühen ja hier davon so viele,« antwortete er lächelnd.

Ich weiß es besser. Er trägt sie, weil, wie man sagt, in ihrem Kelch die Marterwerkzeuge Christi versinnbildlicht sind. Er trägt sie als eine Mahnung, eine Art Ordenskreuz, ein Zeichen, daß er zu einer Gemeinde gehört, die still sich bildet. Tolstoi ist einer ihrer Ordensmeister. Er sagt es selbst, sein Ideal ist nicht das des größten lebenden Philosophen: »der Uebermensch«; es ist der »Mitmensch«. Seine Religion ist Nächstenliebe.

Neulich rühmte Jemand die aufopfernde Sorgfalt, mit der er ein krankes Kind auf Capri pflegt. Er wehrte das Lob ab. Seine Nächstenliebe sei nur ein subtiler Egoismus. »Niemand von uns,« sagte er, »wäre im Stande zu essen, aus Scham, während ein Hungriger vor ihm stände«. Mache denn das einen Unterschied, ob ein Einzelner vor uns, oder Tausende und aber Tausende hinter uns ständen? Nur weil wir sie nicht sehen? Wir wissen es doch.

Wie hätte ich ihn geliebt. Aber ich habe ihn ja geliebt, ob im Traume, ob im geheimnißvollen inneren Schauen, ich weiß es nicht. Ich habe ihn geliebt als Kind, wenn ich verzückt in den Mond schaute, ich habe ihn geliebt, wenn die Poesien, die ich in der Schule las, mich durchglühten. Ich habe ihn geliebt, später, wenn bei mechanischer Hausarbeit seltsame Schauer durch meine Nerven rieselten. Es ist eine alte Liebe, so alt, wie ich selber bin. Er war mir vorherbestimmt. Und nun gehören wir verschiedenen Generationen an.

Wenn wir von Tisch aufgestanden sind, eile ich, so schnell ich kann, auf die einsame Höhe meines Lieblingsfelsens. Unter mir, auf dem Abhang Blumen und balsamische Kräuter, von allen Seiten das silberbläuliche Meer, das in der Sonne erglänzt und sich leise an dem Felsen bricht. In der Ferne die Inseln und Halbinseln des Golfs.

Ich nehme den Hut ab, mein graues Haar weht im Winde. Ich stehe aufrecht, die Hände emporgestreckt, und ob ich Verse spreche, ob ich sie nur empfinde, ob ich sie selbst dichte, ob es die Poesien Anderer sind, ich weiß es oft nicht. Ich pflücke ganze Hände voll wilder Blumen, und auf dem Wege lasse ich sie eine nach der anderen fallen. Er macht täglich denselben Weg, er wird über die Blumen schreiten.

Man erzählt, als ein römischer Held und Kaiser Capri betrat, fing eine verdorrte Eiche wieder an zu grünen. So fängt auch, da er sich zeigt, mein Herz wieder an zu grünen und zu blühen. Wieder? nein, es blüht und grünt zum ersten Mal!

Graues Haar, Falten, Runzeln! bin ich das? Nein, nein. Ich bin in mir, in mir. Ich stecke nur in einer fremden Haut.

Seltsam, daß die Haut unser Schicksal ist.

Wir haben ein glattes Gesicht. Wir lieben einen Menschen. Schön und gut.

Es zeigen sich ein paar Falten in unserem Gesicht. Wir lieben einen Menschen. Bedenklich.

Wir haben viel Falten. Wir lieben einen Menschen. Lächerlich. Verächtlich.

Oder liegt das Sonderbare darin, daß Herz, Geist und Haut nicht gleichmäßig eintrocknen? Sonderbar? nicht vielleicht natürlich? darum weil etwas in uns ist, das nie welkt, nie stirbt, auch im Tode nicht?

Kann ich dafür, daß Schätze der Liebe in meiner Brust ruhen, die nie gehoben wurden, und nun hat die Sonne, die seligste Schönheit, sie an's Licht gebracht. Eine Fluth ist über mein Herz gekommen! Nicht die Liebe für den Einen nur, die Liebe für Alle, für Alles, was so flammend beredt so voll Frühlingskraft mich überwältigt.

Ich bin ja ein neuer Mensch. Ich bin jung. Ich habe noch nicht gelebt. Ich muß ja jung sein.

Ich habe die psychische Kraft mich zu verwandeln. Wie jene Medien, von denen ich gelesen, die, wenn sie den Geist eines Verstorbenen citiren, in geheimnißvoller Suggestion Stimme und Gesichtsausdruck des Todten annehmen, so habe ich meine gestorbene Jugend citirt. Sie ist da, und meine Lippen lächeln mit dem Lächeln jungen Glücks, in meinen Augen ist das Licht der Jugend. Ich bin wahr und wahrhaftig achtzehn Jahr alt. Bräutlich ist mir. Nach Capri habe ich meine Hochzeitsreise gemacht, dem seligen Eiland, das ganz ein Festgemach ist für die Hochzeit zweier Seelen.

# Virginia Woolf
* 25. Januar 1882, London (England)
† 28. März 1941, Rodmell (England)

Verzückt

Das Merkwürdige, wenn man den Blick zurückwandte, war die Reinheit, die Lauterkeit ihres Gefühls für Sally. Es war nicht wie das Gefühl, das man für einen Mann hatte. Es war vollkommen interesselos, und außerdem hatte es eine Eigenheit, wie es sie nur unter Frauen geben konnte, unter eben erwachsenen Frauen. Es war beschützend, auf ihrer Seite; entsprang einem Bewußtsein, miteinander verbündet zu sein, einer Vorahnung von etwas, das sie notwendig trennen würde (sie sprachen von der Ehe immer als von einer Katastrophe), die zu dieser Ritterlichkeit, zu diesem beschützenden Gefühl führte, das viel mehr auf ihrer als auf Sallys Seite war. Denn in jenen Tagen war sie vollkommen unbekümmert; machte die verrücktesten Sachen, nur aus Übermut; radelte die Terrassenbrüstung entlang; rauchte Zigarren. Unvernünftig, sie war – sehr unvernünftig. Aber der Reiz war überwältigend, für sie jedenfalls, so daß sie sich erinnern konnte, wie sie in ihrem Schlafzimmer unter dem Dach gestanden und eine Heißwasserkanne in der Hand gehalten und laut gesagt hatte, »Sie ist unter diesem Dach ... Sie ist unter diesem Dach!«

Nein, die Worte hatten jetzt überhaupt keinen Sinn mehr für sie. Sie konnte nicht einmal ein Echo ihrer alten Erregung vernehmen. Aber sie konnte sich erinnern, daß ihr ganz kalt wurde vor Aufregung und sie ihr Haar in einer Art Verzückung richtete (jetzt begann das alte Gefühl zu ihr zurückzukehren, als sie die Haarnadeln herausnahm, sie auf den Frisiertisch legte, ihr Haar zu richten begann), während die Krähen in dem rosafarbenen Abendlicht aufundab stolzierten, und daß sie sich anzog und die Treppe hinunterlief und fühlte, als sie durch die Diele ging, »if it were now to die 'twere now to be most happy«. Das war ihr Gefühl – Othellos Gefühl, und sie fühlte es, sie war überzeugt, so stark wie Shakespeare wollte, daß Othello es fühle, nur weil sie zum Dinner in einem weißen Kleid herunterkam und Sally Seton sehen würde!

Sie trug rosa Gaze – war das möglich? Sie *schien* jedenfalls ganz Licht, Glühen, wie ein Vogel oder ein Luftball, der hereingeflogen ist und einen Augenblick in einem Brombeergestrüpp hängen bleibt. Aber nichts ist so merkwürdig, wenn man verliebt ist (und was war es, wenn nicht Verliebtsein?), wie die vollkommene Indifferenz der anderen. Tante Helena verschwand einfach nach dem Dinner; Papa las die Zeitung; Peter Walsh könnte auch dagewesen sein, und die alte Miss Cummings; Joseph Breitkopf war sicherlich da, denn er kam jeden Sommer, der arme alte Mann, für Wochen und Wochen, und gab vor, Deutsch mit ihr zu lesen, spielte in Wirklichkeit aber Klavier und sang Brahms, ohne eine Stimme zu haben.

Das alles war nur der Hintergrund für Sally. Sie stand am Kamin und sprach, mit dieser wundervollen Stimme, die alles, was sie sagte, zu einer Liebkosung machte, mit Papa, der, eher gegen seinen Willen, von ihr angezogen zu werden begann (er kam nie darüber hinweg, daß er ihr eins seiner Bücher geliehen und es quatschnaß auf der Terrasse wiedergefunden hatte), als sie plötzlich sagte, »Wie schade, hier drinnen zu sitzen!« und sie alle hinaus auf die Terrasse gingen und aufundab spazierten. Peter Walsh und Joseph Breitkopf redeten weiter über Wagner. Sie und Sally blieben ein wenig zurück. Dann kam der köstlichste

Augenblick in ihrem ganzen Leben, als sie an einer steinernen Urne voller Blumen vorbeikamen. Sally blieb stehen; pflückte eine Blume; küßte sie auf die Lippen. Die ganze Welt hätte kopfstehen können! Die andern entfernten sich; sie war allein mit Sally. Und sie fühlte, daß sie ein Geschenk empfangen hatte, verpackt, und gesagt bekam, sie solle es einfach behalten, nicht ansehen – einen Diamanten, etwas unendlich Kostbares, verpackt, das sie beim Gehen (auf und ab, auf und ab) auswickelte, oder das Strahlen brannte durch die Verpackung hindurch, die Offenbarung, das fromme Gefühl! – als der alte Joseph und Peter ihnen gegenüberstanden:

»Sterngucken?«, sagte Peter.

Es war, wie wenn man mit seinem Gesicht im Dunkeln gegen eine Granitmauer gerannt wäre! Es war verstörend; es war furchtbar!

Nicht für sie. Sie fühlte nur, wie Sally schon vernichtet, mißhandelt wurde; sie fühlte seine Feindseligkeit; seine Eifersucht; seine Entschlossenheit, in ihre Gemeinsamkeit einzudringen. Das alles sah sie, wie man eine Landschaft im Schein eines Blitzes sieht – und Sally (nie hatte sie sie so sehr bewundert), wie sie mutig ihren Weg fortsetzte, unbesiegt. Sie lachte. Sie ließ sich vom alten Joseph die Namen der Sterne sagen, was er gern und mit großem Ernst tat. Sie stand da: sie horchte. Sie hörte die Namen der Sterne.

Ada Christen

* 6. März 1839, Wien (Österreich)
† 19. Mai 1901, Inzersdorf (Österreich)

Wilde Küsse

Ich sehne mich nach wilden Küssen,
Nach wollustheißen Fieberschauern;
Ich will die Nacht am hellen Tag
Nicht schon in banger Qual durchtrauern.

Noch schlägt mein Herz mit raschem Drang,
Noch brennt die Wang' in Jugendgluthen –
Steh' still, lösch' aus mit einem Mal!
Nur nicht so tropfenweiß verbluten.

Clara Müller-Jahnke
* 5. Februar 1860, Lenzen (heute Polen)
† 4. November 1905, Wilhelmshagen bei Berlin

Trotzig

Jetzt sollte ich das Buch meines Lebens weiterschreiben – – und ich schreibe einen Liebesbrief an Dich.

Mein ganzes Leben ist ein Liebesschrei nach Dir gewesen, und Dein Herz ist das Buch meines Lebens.

Und ich habe den Hals eines anderen umklammert – in wahnsinniger Sehnsucht, und habe die Lippen eines anderen geküßt.

Und meinen Leib einem anderen gegeben.

Du warst nicht da, – o Du; wo warst Du?

Du warst nicht da, als ich im Dämmerdunkel des Septemberabends an der Tür unserer Vorratsstube stand, als eine Hand sich schwer auf meine Schulter legte und ein Gesicht sich über meinen Kopf herniederbeugte, – als zwei heiße Lippen sich auf meinen Mund preßten ...

Du warst nicht da. Und dennoch küßte ich Dich! Der andere aber glaubte, ich küsse ihn. Und er flüsterte mir heiße, rasende Worte in das Ohr. Und ich hörte ihn an.

Seit fünfundzwanzig Jahren hatte er kein Weib gesehen.

Alle meine Sinne fieberten.

Ich war ein dummes, dummes Ding. Trotz der weißen Strähnen in meinem Haar. Wenn ich mir wenigstens klar geworden wäre über mein eigenes Verlangen!

Doch wie wäre das möglich gewesen?

Als Schande hätte ich's empfinden müssen, wenn ich's mir gesagt hätte, einfach und klar: ich begehre diesen Mann. Schande wär's gewesen, weil dieser Mann mich nicht zu seinem Weibe machen konnte. Schande wär's gewesen: denn wir wohlgesitteten höheren Töchter verkaufen unsern Leib nur gegen bar.

Gegen Ehering und Namen. *Schenken* dürfen wir nicht: das wäre eine Schmach: ein *Rechenfehler*!

Und ich schenkte dennoch. Schenkte, weil in mir der Trotz loderte gegen eine Gesellschaft, die mir nur Pflichten auferlegte und jeden Anspruch auf Lebensfreude nahm. Schenkte, weil ich mich unsagbar reich fühlte und mit meinem Ueberflusse nicht wußte, wohin.

Und hier war ein Bettler, der die Hand ausstreckte. ...

O Liebling, meine Seele, wo warst Du?

Der Oktobersturm umbrüllte unser Haus, als Vincenti ging. In unserer Winterwohnung nahm er Abschied von mir. Wir zogen alljährlich im Herbst, wenn die Saison beendet war, aus dem im Park gelegenen Sommerhause in das massive Gebäude an der Straße, in dem wir zwei große Parterrezimmer als winterliches Domizil eingerichtet hatten.

Meine Mutter legte noch die letzte Hand an die Aufräumungsarbeiten im Logierhaus. Sie hätte eher geglaubt, daß die Flammen der Hölle die feste Decke durchbrächen, auf der sie wandelte, als daß ihre Tochter sich ohne Bezahlung verschenken würde.

O liebe, liebe Mutter, ich bin bitter gegen Dich! Doch ich klage *Dich* nicht an, nur die Zeit, in der Du groß – nein: nicht groß geworden bist, diese Zeit, die jedes Weib mit Eisenklammern an den Erdboden gefesselt hielt. Wie hättest Du, die so früh schon ein geschütztes Heim, einen guten Mann und liebe Kinder gefunden, wie hättest Du aufstehen und um Dich sehen sollen? –

Vincenti schlug mit einem schweren Hammer die Nägel in die Wand, an denen ich meine Bilder für den Winter aufhängen wollte. Er prüfte die Fensterriegel sorgfältig auf sicheres Schließen und rückte mir den Wandspiegel über der Mahagonikommode zurecht. Dann legte er den Arm um meinen Leib und führte mich vor das blinkende Glas.

»So soll Dein Bild nun winterlang vor meiner Seele stehen – – –«

Den Aermel streifte er mir zurück bis zum Ellenbogengelenk und küßte mich dreimal auf den nackten Arm. Wie heilig ist mir die Stelle gewesen, auf der seine Lippen geruht ...

Dann kam der Winter. Mit meterhohem Schnee und metertiefem Eis. Die Ströme waren bis auf den Grund gefroren, das Eis barst knisternd und klingend unter des flüchtigen Läufers Fuß.

Und während dieses ganzen Winters kämpfte ich den heißen, qualvollen Kampf mit mir selbst.

Ich betrog meine Mutter. Und konnte keine Reue darüber empfinden. Meine Sinne waren erwacht und drängten mich mit elementarer Gewalt in die Arme des Mannes. Ja, meine Sinne, welche verlangten, daß ich *ganz* eins mit ihm würde, forderten von mir auch den gleichen Glauben, den er bekannte. Kein Bedürfnis meines Geistes trieb mich an, seine Bücher zu lesen, seine Himmel zu ersehnen, nur eine zwingende Forderung des Gefühls. »Nicht mir zu Liebe sollst Du Deinen Glauben wechseln,« so schrieb er mir in einem seiner heimlichen, viele, viele, eng beschriebene Seiten umfassenden Briefe, »ich werde Dich auch lieben, wenn Du bleibst, so wie Du bist.«

Und dennoch betrieb er diesen Glaubenswechsel mit all seiner Kraft. Hat er sich selbst betrogen, als er jene Worte an mich schrieb, oder sind sie nur ein kühner Schachzug gewesen?

»Nicht Dir zu Liebe will ich katholisch werden, sondern aus Liebe zu Dir.«

Das war meine Antwort, und ich glaube fest, daß es die Antwort war, die er erwartet hatte.

Nun folgte ein reger Briefwechsel. Vincenti unterwies mich in den Lehren seiner Religion, und mein liebendes Herz bot alle in der Weibesseele ruhende Mystik auf, um sich in diese dunklen Tiefen zu versenken. Der Weihrauchnebel umwogte mich und legte sich süß und betäubend auf meinen Verstand.

Zuweilen freilich drang ein Lichtstrahl durch den blauen Dunst dieser mystischen Stimmungen, ohne daß ich wußte, von wo er kam. So erinnere ich mich, daß eines Tages, als ich eine seiner brieflichen Abhandlungen über die Verwandlungslehre studierte, ein plötzliches Lachen in mir aufstieg, daß ich zu Tinte und Feder griff und ohne alle Umschweife die eine Frage niederschrieb: »Und glaubst Du wirklich an diesen blauen Dunst?« Darauf erhielt ich einen Brief voll flammenden Zornes. Ich fühlte Peitschenhiebe auf mich niedersausen. Und in der heißen Angst, ihn verlieren zu können, hab ich die Hand geküßt, die mich schlug, hab ich die Zähne aufeinander gebissen und mich mit fanatischer Inbrunst an all diese Wunder, Seligkeiten und Sinnlichkeiten aufs neue dahingegeben.

Das ging bis tief in den Februar hinein. Und als wir uns ein halbes Jahr fast nicht gesehen hatten, da schlug uns trotz aller geistigen und geistlichen Bindemittel die gesunde, natürliche Sehnsucht in roten Flammen über dem Kopfe zusammen. »Wir müssen uns sehen,« schrieb er, »wir müssen sprechen über die heiligsten und tiefsten Dinge.«

Unter dem Vorwande, entfernte Verwandte besuchen zu wollen, bin ich zu ihm gefahren, mitten durch die Schneeberge hindurch, die sich mit Elementargewalt gegen die fauchende Maschine stemmten und schließlich doch dem von Menschengeist erdachten, von Menschenhand geformten Ungeheuer weichen mußten.

Mein Lieb, soll ich Dir meine Empfindungen auf dieser Fahrt zu schildern versuchen? – Ich war kein schutzbedürftiges Kind, das seinem Verhängnis ahnungslos entgegenging. Ich wußte ganz genau, was ich tat. Und tat es doch, von einem wilden Trotz gestachelt, von einer unsichtbaren Hand vorwärts gestoßen ...

Als der rote Lichtschein der Station, auf der Vincenti mich erwartete, in mein Coupéfenster fiel, schüttelte ein Schauer mich von Kopf bis zu Fuß; ich hatte die klare Empfindung, daß ein Unabwendbares da draußen stand und den Riegel von der Tür stieß. Ich fühlte einen Eishauch über meine Schläfen gehen. Das Feuer in mir war plötzlich erloschen; eine kalte, grausame, lüsterne Neugier kroch mir durch die Adern. Das war nicht mehr ich, die Wilma: dies blasse, willenstrotzige Weib, das durch die eisbereiften Fenster in die Winternacht starrte, das war eine völlig Fremde, die lachend in ein sicheres Verderben ging. Ich stand neben ihr und beobachtete jeden Zug ihres gespannten Gesichts, jedes Zucken ihrer fiebernden Seele mit einer dämonischen, eiskalten Wißbegierde.

Und diese Begierde blieb. Sie war in mir, als ich an seiner Seite im knirschenden Schnee durch die prachtvolle Vollmondnacht dem weltverlorenen Städtchen zuwanderte, das wir zum Orte unserer Begegnung erwählt. Kalt wie das Mondlicht flirrte sie in mir, als in dem verschwiegenen Hotelzimmer der Mann, all seiner priesterlichen Würde vergessend, den brutalen Arm um die zitternde Beute schlang, – sie war in mir und wirkte derart lähmend und überwältigend auf meinen gesunden Willen ein, daß jede Widerstandskraft erlosch, wie die Glut in mir erloschen war. Ich *studierte* den Menschen in ihm und in mir – mit einer unheimlichen Gespanntheit. Ich studierte, während mein Ohr seine kosenden Worte trank, während ich in einem plötzlichen Gefühl des Widerwillens seine Hand von meinem Herzen stieß. Ich studierte mich selbst.

Kaum aber, daß er mich verlassen hatte, so sprang ich empor in rasender Hast, warf mit kraftvoller Hand den Riegel vor die Tür und stand nun mit nackten Füßen mitten in dem großen, kahlen, kalten Zimmer – und lachte – lachte – lachte –, bis mir die Tränen über die Wangen liefen, bis ein seltsames Schluchzen aus meinem Herzen brach, das, über die höhnisch verzerrten Lippen huschend, mit meinem Gelächter zu *einem* grellen, gebrochenen, unerhörten Laut verschmolz ...

Das war der schwerste Teil meiner Beichte, das Geständnis, daß ich mich nicht aus Liebe hingegeben habe, sondern unter einem seltsamen Bann, in einer Art von Suggestion. Von jenem Moment an wußte ich, daß ich ihn nie geliebt, daß ich an all' seine Heiligtümer nicht eine Stunde lang geglaubt, – und dennoch, Du: *heuchelte* ich ihm auch fernerhin Liebe, kniete vor seinen Göttern und hielt ihm Treue.

Warum nur?

Das war ein tiefes, schreckhaftes Rätsel für mich in jenen dunklen Tagen. Heut, in *Deinem* Lichte, liegt auch über diesen Tiefen Klarheit.

Die Liebe liebte ich, die ich nicht kannte. Ich glaubte mich »gefallen«, und die grausamen Morallehren der Gesellschaft, in der ich erzogen war, spukten in meinem überreizten Gehirn. Dem Manne, dem ich einmal angehört, dem mußte ich treu sein, wenn ich nicht ein verlorenes oder verdorbenes Geschöpf werden wollte. Ich war auf einen Schlag in eine furchtbare Abhängigkeit geraten. Und so versuchte ich's denn mit all den angeborenen Künsten des Weibes, mir die Liebe meines *Herrn* zu erhalten. Auch mein ganzer »Glauben« war, abgesehen von vereinzelten dunklen Augenblicken, in denen die Verzweiflung mich packte, nur ein Kokettieren mit dem Manne.

Dabei fühlte ich seine Brutalität, fühlte, daß ich die Macht über ihn verloren hatte, ganz und gar.

Und nun *forderte* er von mir. Forderte, daß ich fromme Lieder »dichten« sollte. Er begann mit meinem Talent für seine Kirche zu rechnen.

So ward ich sein Geschöpf. Er sagte mir das schonungslos, – während er mich mit Liebkosungen überhäufte.

Und ich wehrte ihm nicht mehr. Ich war ihm verfallen.

So ohne alle Kraft war ich, daß selbst meine Tränen versiegten.

Und als ich ihm die Hand zum Abschiede gereicht, als sich die bretterne Scheidewand zwischen uns geschlossen hatte, ging ein tiefes Aufatmen durch meinen Körper. Ein Gefühl des Freiseins durchschauerte mich.

Mit einer Lüge ging ich von ihm, und lange Jahre hindurch sollte mein Leben eine einzige, qualvolle Lüge sein.

Lydia Davis
15. Juli 1947, Northampton (Massachusetts, USA)

Bescheiden

In ihren Fantasien von anderen Männern, von anderen als ihrem Ehemann, träumte sie, älter geworden, nicht mehr von sexueller Intimität wie vorzeiten, als sie sich vielleicht rächen wollte, wenn sie wütend war, als sie vielleicht einsam war, wenn er wütend war, sondern bloß von Zuneigung und tiefem Verständnis füreinander, einem Händehalten und Sich-in-die-Augen-Schauen, häufig an einem öffentlichen Ort, z. B. einem Café. Sie wusste nicht, ob diese Veränderung auf die Achtung zurückzuführen war, die sie ihrem Ehemann entgegenbrachte, denn sie achtete ihn wirklich, oder schlicht auf die Erschöpfung am Ende des Tages, oder auf das instinktive Wissen, welche Handlungen sie, und sei's in ihrer Vorstellung, von sich erwarten durfte, nun, da sie ein gewisses Alter hatte. Und wenn sie besonders müde war, brachte sie nicht einmal Zuneigung und tiefes Verständnis auf, sondern bloß die bescheidenste Form von Zweisamkeit, wie etwa, dass sie sich, jeder für sich allein auf einem Stuhl, nebeneinander in einem Raum aufhielten. Und als sie noch älter und noch müder wurde, und danach noch älter und noch müder, gab es eine weitere Veränderung, und sie stellte fest, dass selbst diese bescheidenste Form der Zweisamkeit, beisammen und jeder für sich, zu intensiv war, um sie aufrechterhalten zu können, und in ihrer Vorstellung beschränkte sie sich auf die ungezwungene Art der Herzlichkeit in der Gesellschaft anderer Freunde, eine Art, die sie reinen Gewissens jedem anderen Mann hätte entgegenbringen können und die sie tatsächlich vielen Freunden entgegenbrachte, die auch mit ihrem Mann befreundet waren oder auch nicht, eine Herzlichkeit, die ihr Trost und Kraft gab, nachts, wenn die Freundschaften in ihrem Wach-Leben nicht genügt hatten oder am Ende des Tages ungenügend gewesen waren. Und so wurden diese Vorstellungen allmählich ununterscheidbar von der Realität ihres Wach-Lebens und hätten eigentlich gar keine Form von Treuebruch sein müssen. Da es jedoch Vorstellungen waren, die sie, nachts, für sich alleine, hatte, kamen sie ihr weiterhin wie eine Art Treuebruch vor, und möglicherweise weil sie im Geiste eines Treuebruchs begangen wurden, wie es möglicherweise sein musste, damit sie überhaupt Trost und Kraft spenden konnten, waren sie weiterhin tatsächlich eine Form des Treuebruchs.

Emmanuelle Bayamack-Tam
16. März 1966, Marseille (Frankreich)

Ungehörig

»Würden Sie gern einmal mit mir ausgehen?«
Ich imitiere seine Unbefangenheit.
»Warum nicht?«
»Ich möchte Ihnen einige Orte zeigen. Das würde mir sehr viel Freude bereiten.«
»Sie müssten mir vorher sagen, was für Orte. Dass ich mich entsprechend kleide.«
Friedvoll tauschen wir unsere Antworten aus. Er erläutert nach und nach seine Idee, ich spiele das umworbene junge Mädchen. Der Abend ist besonders mild, von dieser Milde, die der Sommer durch all die offenen Fenster überall verbreitet. Aber die Milde gefällt mir heute Abend nicht, genauso wenig wie diese abgedroschene Konversation. Ich weiß nicht, was mir gefallen würde, was hinreichend grausam wäre, um mit der Grausamkeit dieses Moments Schritt zu halten, mit der Grausamkeit seiner Einladung. Vielleicht würde es mir gefallen, ihm zu sagen: Ziehen Sie sich aus. Machen Sie es so gut wie alles andere auch. Bitte. Oder sogar: Ich werde Sie bezahlen. Ich bezahle dafür, nur dafür, einen jungen Körper zu sehen.

Da ich ihm das aber nicht sage, kann ich nicht mehr sprechen. Das oder nichts. Das einzige, was noch durchsickert, das sind die Tränen. Das ist schon besser, schon eher die richtige Form, aber das reicht nicht. Es ist wie beim ersten Mal, als er zu mir kam, nur sehr viel stärker. Und wie beim ersten Mal will jede meiner Zellen Fahnenflucht begehen, will sich allein und leidenschaftlich schlagen mit ihrem eigenen kleinen Los, mit ihrem Kummer und ihrer Verstörtheit.

Er rührt sich nicht. Er tut nichts, um mich zu trösten, vielleicht weiß er, dass ich keinerlei Trost will, nur ein für allemal traurig sein, damit dann die Traurigkeit aufhört. Ich wage es, etwas zu sagen, aber ich bringe alles durcheinander, vertue mich:

»Ich wäre gern nackt, ziehen Sie mich aus.«

Und schließlich wird es mir leuchtend klar, das ist es, was ich will. Ich will auch, dass er nackt für mich ist, aber zuerst umgekehrt, als eine Vorstufe zu allem weiteren. Wie üblich findet er die einzig intelligente Reaktion, die einzig mögliche Antwort auf eine so ungehörige Bitte: er nimmt mich bei der Hand und führt mich ins Schlafzimmer. Dort schließt er die Vorhänge vor der noch zu hellen Nacht und macht sich daran, mich zu entkleiden. Es versteht sich von selbst, dass ich das vorher nicht ahnen konnte. Dass ich nicht meine hübscheste Wäsche trage, sondern die tägliche, die durch zu vieles Waschen gräulich geworden ist. Dass, hätte ich etwas geahnt, ich mich herausgeputzt und parfümiert hätte. Aber jetzt weiß ich, das wäre schlimmer gewesen. Er zieht mich schnell, aber nicht schroff aus. Er sieht die Innenseiten meiner Arme, meiner Schenkel, ihr klumpiges, so weißes und schlaffes Fleisch. Mit einer lächerlichen Gedankenassoziation, wie man sie halt hat, klammere ich mich derweil an Gebetszeilen, die ich bei den Nonnen gelernt habe. Anstatt daran zu denken, was wir gerade tun, höre ich in der Ferne Wechselgesänge nachklingen, die holden Stimmen meiner Kindheit. Das ist dumm, das ist schade. Und nach einem Moment wage ich es endlich, die Augen zu ihm aufzuschlagen. Ihm gelingt es, in seine Augen weder Ekel, Neugier, Feierlichkeit, Mitleid, Zärtlichkeit, Begehren, noch Furcht zu legen. Gleichwohl betrachtet er mich.

Ich war darauf gefasst, vor Scham und Nervosität zu zittern, aber dieser Blick ist genau das, was ich brauche, um nicht zu zittern. Auch ich betrachte mich, meinen Bauchnabel, seit langem so tief in eine quabbelige Fettwulst eingetaucht, dass ich ihn extra, mit einem in Alkohol getränkten Wattebausch, reinigen muss; meine krampfadrigen Knöchel, ausgebeulter als meine Schienbeine; meine Brüste, die von unzähligen Hautstreifen gezeichnet sind und vom Brustbein an weit auseinanderlaufen.

Ich weiß nicht, ob man sich das vorstellen kann, ob Sandor, bevor er das gesehen hat, es sich hätte vorstellen können, ob irgendein junger Mensch sich das vorstellen, diese Auflösung ahnen kann, diesen Kurs und diese ungeahnten Ausmaße, die seine Glieder und Organe ansteuern und erreichen können. Und außerdem gibt es noch alles das, was ich jetzt nicht sehen kann, aber auswendig kenne; meine lächerlich langen Ohrläppchen, mein Hintern, der mit meinen Oberschenkeln verschmilzt und dabei Falten bis in die Kniekehlen ausschwärmen lässt, mein eingesackter Nacken, wie ein Tierhöcker ist er geworden, das verbeulte Oval meines Gesichts; die Wahrheit und nichts als die Wahrheit, gleiche sie auch einer Farce.

Er schaut mich nicht mehr an, aber er setzt sich mit mir aufs Bett. Er scheint zu seufzen, bevor er einen Druckknopf nach dem anderen seines Hemdes aufspringen, seine Hose herabgleiten lässt und sie dann ganz auszieht. Er ist unbehaart, bleich und schmächtig. Er sagt:

»Das wär's.«

Natürlich hatte ich vergessen, dass Männer so flach sein können, ohne den Schimmer einer Schwellung, da wo Frauen Rundungen haben; dass die Wirbelsäule, die Rippen sich so klar abzeichnen können, dass das Fleisch so gespannt, so fest sein kann, die Haut des Geschlechts selbst bei Blonden so dunkel. Es dauert. Ich könnte nicht sagen, wie lange. Sein Blick schweift vage im Zimmer umher, ohne sich mit mehr Aufmerksamkeit auf mich zu heften als auf einen anderen Gegenstand, auf den Toilettentisch, den Lehnstuhl, den Betstuhl, der von anderen Knien als den meinen abgenutzt ist, auf meine Radierungen, meine *pâtes de verre*, auf alle Schätze, die ich mit der Zeit in diesem Schlafzimmer versammelt habe wie eine Mumie auf dem Weg in eine andere Welt. Ich war stolz auf diese Möbel und diesen Nippes, ich glaubte an ihre Tauglichkeit, mich zu umgeben, mich zu Grabe zu tragen, mich zu überleben. Naiv glaubte ich auch an ihre Schönheit. Jetzt weiß ich, dass alles hässlich ist. Alles was die Leblosigkeit von Stein oder Glas, alles was den toten Abglanz von Lack, Holz und Porzellan hat. Alles Leben und alle Schönheit haben sich in Sandors Körper geflüchtet, in diesen Körper, den ich mit meinen eifrigen Händen nie poliert und eingeölt haben werde, und ich werde die Zeit nicht mehr haben, ihm dieselbe Ehrfurcht zu erweisen, mit der ich meine angestaubten Reliquien gepflegt habe. Wie habe ich mich nur auf Knien an diesem Teppich abrackern können, um sein Gold, sein Rot, sein Azur aufzufrischen? Auf Knien habe ich dann meine Kommode poliert, bis hin zu den verdrehten Beinen, bis hin zu den ausgerenkten Laden. Wie habe ich nur ignorieren können, dass ich dazu geschaffen war, das lebendige und schwache Fleisch anzubeten?

Er äußert kein einziges Anzeichen von Ungeduld. Seine Augen belauern mich jetzt. Zweifellos gäbe es irgendetwas zu tun oder zu sagen, um diese tödliche Süße zu verewigen, aber mir fällt nichts ein. Wir ziehen uns wieder an und an diesem ganzen langen Abend ist das vielleicht der Moment, in dem ich am stärksten das Gefühl habe, mit ihm jung zu sein.

Lauren Groff
* 23. Juli 1978, Cooperstown (New York, USA)

Verwitwet

Zu Lottos Beerdigung kamen Tausende. Sie wusste, dass er geliebt worden war, auch von Fremden. Aber nicht, in welchem Ausmaß. All die unbekannten Menschen, die sich klagend auf dem Gehweg drängten. Ach! Der große Mann. Ach! Dramatiker der Arrivierten. Wie die Anführerin eines Krähenschwarms fuhr sie an der Spitze eines Konvois aus glänzenden schwarzen Limousinen. Ihr Mann hatte die Menschen bewegt, und darin war er zu ihrem Lancelot Satterwhite geworden. Ein Teil von ihm lebte in ihnen weiter. Gehörte ihnen. Nicht ihr.

Unhygienisch, diese Flut aus Rotz und Tränen. Zu viel Kaffeeatem, der ihr entgegenschlug. Zu viel aufdringliches Parfüm. Sie hasste Parfüm. Man übertünchte damit mangelnde Hygiene oder Scham für seinen Körper. Saubere Menschen brauchten keinen Blumenduft.

Nach der Beerdigung fuhr sie allein zurück aufs Land. Vielleicht gab es einen Empfang, sie wusste es nicht. Oder falls doch, verdrängte sie es; sie wäre sowieso nicht hingegangen. Sie hatte genug von Menschen.

Es war heiß im Haus. Der Pool lag blinzelnd im Sonnenlicht. Ihre schwarzen Kleider auf dem Küchenboden. Der Hund ganz klein zusammengerollt auf seinem Kissen, die Augen schwarze Perlen, wilder Blick aus den Winkeln.

[God, die unter dem Schreibtisch Lottos nackte, blau werdende Füße leckte, sie leckte und leckte, als könnte sie sie so wieder zum Leben erwecken, das dumme Ding.]

Und dann die eigenartige Ablösung der Seele vom Körper. Sie sah sich selbst in ihrer Nacktheit wie aus großer Ferne.

Das Licht glitt durchs Zimmer und erlosch; die Nacht kroch herein. Jene ungerührte Mathilde sah zu, wie Freunde ans hintere Fenster kamen, beim Anblick ihres nackten Körpers am Küchentisch zurückwichen, wegsahen und durch die Scheibe riefen: »Wir sind's, Mathilde. Lass uns rein.« Der nackte Körper blieb einfach sitzen, bis sie nach Hause schlichen.

Nackt im Bett antwortete sie *Danke, Danke, Danke* auf alle E-Mails, bis ihr Steuerung-C, Steuerung-V wieder einfiel, und dann fügte sie *Danke* per Copy-and-Paste ein. Dann hielt sie plötzlich eine heiße Tasse Tee in der Hand und dankte der nackten Mathilde für ihre Aufmerksamkeit, fand sich bei Mondschein im Pool wieder und fragte sich, ob die nackte Mathilde noch ganz bei Trost war. Die nackte Mathilde ignorierte die Türklingel, wachte auf der falschen Bettseite auf und suchte dort nach Wärme, die nicht mehr da war, ließ das Essen auf der Veranda vergammeln, ließ die Blumen auf der Veranda vergammeln, sah den Hund mitten in die Küche pinkeln und briet dem Tier ein Rührei, als kein Trockenfutter mehr da war, dann gab sie ihm das letzte Gemüse-Chili, das Lotto gekocht hatte, und sah zu, wie sich der Hund den Po wund leckte, der von den Gewürzen brannte. Die nackte Mathilde schloss sämtliche Türen ab und ignorierte Freunde und Verwandte, die hereinspähten und riefen: »Mathilde! He, Mathilde! Lass uns rein, Mathilde, ich gehe nicht weg, ich zelte im Garten.« Das war die Tante ihres Mannes, Sallie, die tatsächlich im Garten ein Lager aufschlug, bis die nackte Mathilde die Tür für sie offen ließ. Tante Sallie hatte innerhalb weniger Monate die beiden wichtigsten Menschen in ihrem Leben verloren, doch sie hatte beschlossen, ihrer Trauer auf Pfauenart Ausdruck zu verleihen, trug glänzende thailändische Seidenkleider in bunten Farben und färbte sich das Haar schwarzblau. Als ein Tablett auf die Matratze gestellt wurde, zog sich die nackte Mathilde die Decke über den Kopf und zitterte sich in den Schlaf. Tablett, Schlaf, Bad, Tablett, Schlaf, Horrorgedanken, schreckliche Erinnerungen, das Winseln von God, Tablett, Schlaf; und so ging es immer weiter und weiter, bis in die Ewigkeit.

Ich bleibe hier, kalt, als Witwe in deinem Haus. Hadernde Worte von Andromache, der perfekten Ehefrau, als sie den Kopf des toten Hektor in ihren bleichen Armen hielt. *Du hast mir nur Bitterkeit und Qualen hinterlassen. Du starbst nicht im Bett, die Arme nach mir ausgestreckt. Sagtest mir kein letztes süßes Wort, an das ich mich in meinem Kummer erinnern könnte.*
Andromaque, je pense à vous!

So ging es immer weiter, endlos, nur dass in der ersten Woche ihres Witwendaseins irgendwo in dem Zelt aus Decken, in dem Bett, in dem ihr nackter Körper lag, eine so überwältigende Lust aufstieg, dass sie daran zu ersticken drohte. Einmal richtig ficken, das brauchte sie jetzt. Mehrmals. Sie sah eine ganze Parade stoßender Männer, stumm und in Schwarz-Weiß, wie in alten Tonfilmen. Dazu als Begleitmusik eine schrille Orgel. Eine Orgel. Ha!

So überbordend war die Lust schon ein paarmal in ihrem Leben gewesen. Im ersten Jahr mit Lotto. Auch im ersten Jahr, in dem sie überhaupt Sex gehabt hatte, lange vor Lotto. Er hatte immer geglaubt, er hätte sie entjungfert, dabei hatte sie nur ihre Periode bekommen, das war alles. Sie genoss es, dass er das glaubte. Sie war zwar keine Jungfrau mehr gewesen, aber es hatte vor ihm nur einen einzigen Mann gegeben. Das sollte für immer ihr Geheimnis bleiben. Lotto hätte es nie verstanden; sein Geltungsbedürfnis ließ keinen Vorgänger zu. Sie erschauerte bei der Erinnerung daran, wie ihr damals mit siebzehn auf der Highschool nach jenem ersten erleuchtenden Wochenende alles unablässig »Sex« zugeflüstert hatte. Wie das Sonnenlicht auf den Blättern der Ambrosia im Straßengraben pulsierte. Wie jedes Wort bespeichelt, bezüngelt und von Lippen berührt wurde, bevor es ausgesprochen wurde. Es war, als hätte jener Mann ein Beben tief aus ihrem Inneren gezogen und es freigelassen. In den letzten Highschool-Wochen streifte sie umher und gierte danach, sich jeden einzelnen dieser köstlichen Jungen einzuverleiben. Sie hätte sie mit Haut und Haaren verschlungen, wenn sie nur gedurft hätte. Sie strahlte sie an, aber sie huschten nur davon. Sie lachte und fand es doch jammerschade.

Nichts davon war von Bedeutung. Nach der Hochzeit hatte es nur noch Lotto gegeben. Sie war treu gewesen. Und er auch, da war sie sich fast sicher.

In ihrem kleinen Haus inmitten der Kirschbäume, jenem Haus trostlosesten Witwendaseins, erinnerte sich Mathilde, verließ ihr schmutziges Bett und duschte. Sie zog sich, ohne Licht einzuschalten, an und schlich an dem Zimmer vorbei, in dem Tante Sallie abwechselnd schnarchte und pfiff. Vorbei am nächsten Zimmer, dessen Tür offen stand; ihre Schwägerin Rachel sah von ihrem Kissen aus zu ihr hoch. Das Gesicht im Dunkeln das eines Frettchens: ein wachsames, bebendes Dreieck. Mathilde stieg in den Mercedes.

Ihr Haar war zu einem feuchten Knoten zusammengebunden und sie war ungeschminkt, aber das war egal. Drei Orte weiter gab es eine Yuppie-Bar, und darin saß ein Mann mit traurigem

Gesicht und einer Red-Sox-Kappe, und einen Kilometer weiter, in einem Wäldchen an einer Straßengabelung, wo Autoscheinwerfer sie aufgespießt hätten wie Motten auf ein Brett, wäre jemand vorbeigefahren, stand sie auf dem rechten Bein, das linke um die ruckartig stoßenden Hüften des traurigen Red-Sox-Kappen-Mannes geschlungen, und schrie: »Fester!« Das anfangs noch konzentrierte Gesicht des Mannes nahm einen beunruhigten Ausdruck an, aber er machte tapfer noch eine Weile weiter, während sie ihn anschrie: »Fester! Los, schneller, du Wichser«, bis er es eindeutig mit der Angst zu tun bekam. Er täuschte einen Orgasmus vor, ging aus ihr heraus und murmelte irgendetwas von wegen pinkeln gehen, dann hörte sie ihn durch das raschelnde Laub davoneilen.

Als Mathilde wieder nach oben ging, sah Rachels Gesicht sie noch immer aus dem Dunkel an. Das Schlafzimmer, das Ehebett, obszön in seiner leeren Weite. In ihrer Abwesenheit war es frisch bezogen worden. Als sie sich wieder hineinlegte, roch die Bettwäsche nach Lavendel und streifte vorwurfsvoll kühl ihre Haut.

Sie hatte einmal neben Lotto im Dunkeln gesessen, bei der Premiere eines seiner wüsten ersten Stücke, und war so überwältigt gewesen von dem, was er geschaffen hatte, von der erhabenen Vision, die da vor ihren Augen körperliche Gestalt annahm, dass sie sich zu ihm hinübergebeugt und ihm über die Wange geleckt hatte, vom Ohr bis zur Lippe. Sie konnte einfach nicht anders.

Genau wie damals, als sie die neugeborene Tochter von Rachel und Elizabeth auf dem Arm hielt und sich die Unschuld des Babys so sehnlich für sich selbst wünschte, dass sie seine winzige Faust in den Mund nahm und sie dort behielt, bis das Baby schrie. Diese Witwenlust jetzt war das Gegenteil davon.

Vita Sackville-West

* 9. März 1892, Sevenoaks (England)
† 2. Juni 1962, Sissinghurst Castle (England)

Sentimental

Lady Slane liebte Menschen, die sich der Laster, die sie hatten, nicht schämten. Sie verachtete alle heuchlerischen Verkleidungen. Als ihr daher Herr FitzGeorge erzählte, dass er sich sehr ungern von Geld trenne und zu einer Ausgabe nur dann gebracht werden könne, wenn er durch einen schönen Gegenstand unwiderstehlich in Versuchung gerate, und sich nur durch das Bewusstsein trösten könne, dass er mit seiner Erwerbung zugleich ein gutes Geschäft gemacht habe, lachte sie unbekümmert und zeigte ihm auch offen ihre Achtung. Er saß an der anderen Seite des Kamins. Sein Anzug war abgetragen, wie sie bemerkte. »Ich weiß noch«, sagte er, »dass Sie damals in Kalkutta über mich lachten.«

Er schien sich an viele Vorkommnisse der damaligen Zeit zu erinnern. »Lady Slane«, sagte er, indem er ihre Feststellung über sein ausgezeichnetes Gedächtnis parierte, »haben Sie noch nicht bemerkt, dass Erinnerungen aus der Jugend mit vorrückenden Jahren schärfer werden?« Dieses kleine »noch« brachte sie wieder zum Lachen. Er spielte die Rolle eines Mannes, der einer Frau vormachen will, dass sie ihre Jugend noch bewahrt hat. Sie war achtundachtzig, aber die Sprungfeder der Mann-Weib-Beziehung lag noch wie eine Kobraschlange zwischen ihnen eingerollt. Unzählige Jahre waren verflossen, seitdem sie diesen Reiz gespürt hatte. Er kam jetzt wie ein unerwartetes Wiederaufleben, ein letztes Aufflackern, das sie sonderbar erregte und ein

Echo erweckte, dessen Melodie sie nicht ganz wieder erfassen konnte. Hatte sie wirklich Herrn FitzGeorge früher gesehen, oder erweckte seine leichte und altmodische Galanterie nur die allgemeine Erinnerung an die Jahre, als alle Männer sie mit bewundernden Augen angesehen hatten? Was es auch war, seine Gegenwart beunruhigte sie, obwohl sie nicht behaupten konnte, dass ihre schwache Erregung unangenehm war, und er hatte sie auch so angeblickt, als ob er sagen wollte, er könne ihr schon die Erklärung dafür geben, wenn er wolle. Als er fort war, starrte sie den ganzen Abend ins Feuer, ihr Buch lag ungelesen auf ihrem Schoß, sie versuchte, sich zu erinnern, versuchte ihre Hand nach etwas auszustrecken, das sie aber nicht erreichen konnte und das sich ihrem Zugriff entzog. Etwas hatte in ihr angeschlagen, wie der Klöppel gegen eine alte, zerbrochene Glocke in einem zerfallenen Kirchturm schlägt. Kein Klang zog über die Täler, aber in dem Turm selbst entstand ein vibrierendes Zittern, das die Stare in ihren Nestern aufschreckte und die Spinngewebe erbeben ließ.

Am nächsten Morgen spottete sie natürlich über die Stimmung, die sie am Abend vorher befallen hatte. Was für einem sonderbaren Anfall von Sentimentalität war sie doch ausgesetzt gewesen! Zwei Stunden lang hatte sie geträumt wie ein Mädchen. Daran war Herr FitzGeorge schuld, weil er auf diese Weise in ihr Haus gedrungen war, am Kamin Platz genommen hatte, als wenn er ein Recht darauf hätte, dort zu sitzen, weil er über die Vergangenheit gesprochen hatte, sie wegen ihrer Würde als Vizekönigin sanft geneckt, sie angesehen hatte, als sagte er nur die Hälfte von dem, was er später offenbaren würde, weil er seine Galanterie mit leichtem Spott vermischt, weil er sie offen bewundert hatte und insgeheim bewegt gewesen war. Obgleich er die

Oberfläche gesellschaftlicher Konvention nicht verlassen hatte, wusste sie doch, dass sein Besuch für ihn nicht ohne Bedeutung gewesen war. Sie war gespannt, ob er wiederkommen würde.

Wenn der Herr noch einmal komme, fragte Genoux, solle sie ihn dann hereinlassen? Beim nächsten Mal werde sie auf ihn vorbereitet sein, er solle sie nicht wieder beiseiteschieben, als ob sie eine alte Zeitung wäre, stracks in die Halle marschieren und seinen komischen kleinen Hut auf den Tisch legen. »Ah, mon Dieu, miladi, quel drôle de chapeau!« Sie bückte sich vor Lachen und strich dabei mit den Händen an ihren Beinen herunter. Lady Slane freute sich immer, wenn Genoux über etwas, was ihr komisch erschien, so herzlich lachen konnte. Darum erlaubte sie sich auch ein Lächeln über Herrn FitzGeorges Hut. Woher hatte er nur einen solchen Hut?, fragte Genoux, »car jamais je n'ai vu un pareil chapeau en devanture.« Hatte er ihn eigens für sich anfertigen lassen? Und erst sein Schal – hatte Lady Slane ihn gesehen? Ganz kariert wie der eines Reitknechtes. »C'est un original«, schloss Genoux weise. Aber zum Unterschied von einem englischen Bediensteten begnügte sich Genoux nicht damit, sich nur über Herrn FitzGeorge lustig zu machen, sie wollte mehr über ihn wissen. Es sei rührend, sagte sie, so zu sein – un vieux monsieur, und ganz allein. War er nie verheiratet gewesen? Er sah nicht aus, als ob er jemals eine Frau gehabt hatte. Sie plagte Lady Slane mit Fragen, die diese nicht beantworten konnte. »Er versteht, Tee zu bereiten«, sagte Genoux. Sie hatte seinen abgetragenen Anzug bemerkt und daraus gefolgert, er müsse bedauernswert arm sein. »J'ai vite couru au coin de la rue, attraper l'homme aux muffins.« Sie war sichtlich enttäuscht, als Lady Slane ihr trocken erzählte, dass Herr FitzGeorge, soviel sie wisse, Millionär sei. »Un millionnaire! et s'affubler comme ça!«

Genoux konnte nicht darüber hinwegkommen. Aber was solle sie nun schließlich tun?, fragte sie. Solle sie ihn das nächste Mal hereinlassen oder nicht?

Lady Slane sagte, sie glaube nicht, dass Herr FitzGeorge wiederkommen werde, aber während sie das sagte, ertappte sie sich bei einer Lüge, denn als er sich verabschiedete, hatte ihr Herr FitzGeorge die Hand hingestreckt und um die Erlaubnis gebeten, wiederkommen zu dürfen. Warum sollte sie Genoux anlügen? »Ja, lass ihn herein«, sagte sie und ging schnell in ihr Zimmer.

Es waren jetzt ihrer drei, drei alte Herren – Herr Bucktrout, Herr Gosheron und Herr FitzGeorge. Ein sonderbares Kleeblatt – ein Häusermakler, ein Handwerker und ein Kunstsammler, alle alt, verschroben und nicht in diese Welt passend. Wie sonderbar war es doch gekommen, dass ihr ganzes Leben – ihre Tätigkeit, ihre Kinder und Henry – von ihr abgefallen und in diesem kleinen Zwischenspiel vor dem Ende durch ein neues, genügend ausgefülltes Dasein ersetzt worden war! Sie nahm an, dass es von ihr selbst geschaffen worden war, konnte sich aber nicht denken, wie sie das zuwege gebracht hatte. »Vielleicht«, sagte sie laut, »bekommt man am Ende immer das, was man sich wünscht.«

Sulpicia
2. Hälfte des 1. Jahrhunderts v. Chr.

Feurige Reue

Nie mehr mögest, o Teuerster du, so feurig mich lieben,
Wie mein Herz es erfuhr wenige Tage zuvor:
Hab' ich im Sturme der Jugend jemals so töricht gehandelt,
Dennoch, gesteh' ich's nur ein: diesmal stärker denn je
Ward mein Innres von Reue erfaßt, da ich nachts von dir fortging,
Wünschend, du solltest die Glut, mich verzehrend, nicht sehn!

Nachbemerkung zur Textauswahl

Der Auslöser für die Beschäftigung mit dem Thema »weibliche Lust in Texten von Frauen« liegt weit zurück. Die Werke von Autorinnen sichtbarer zu machen und der wohl unbestrittenen Dominanz männlicher Autoren im literarischen Kanon[1] entgegenzutreten, ist mir als Autorin und Herausgeberin seit über zwanzig Jahren ein besonderes Anliegen. Noch gut zwei Jahrzehnte mehr habe ich das »weibliche Schreiben« als Leserin im Blick.

»Die weibliche Erregung kann eine Intensität erreichen, die der Mann gar nicht kennt«[2], schreibt Simone de Beauvoir in *Das andere Geschlecht*. Muss eine Anthologie, die sich als literarische Einladung zum Nachdenken über weibliches Begehren versteht, allein deshalb auf Texte von Männern verzichten? Natürlich nicht. Weit davon entfernt, die Beschreibung weiblicher Lust durch männliche Autoren als einen Akt »literarischer Aneignung« zu werten, stand aufgrund meiner persönlichen Vorlieben einfach von Anfang an außer Frage, bei der vorliegenden Sammlung ausschließlich auf weibliche Ichs aus weiblicher Feder zu setzen.

---

[1] Zur Lektüre empfohlen: Nicole Seifert, Frauen Literatur. Abgewertet, vergessen, wiederentdeckt. Köln 2021
[2] Simone de Beauvoir, Das andere Geschlecht. Sitte und Sexus der Frau. Aus dem Franz. von Uli Aumüller und Grete Osterwald. Reinbek bei Hamburg, 6. Aufl. 2006, S. 478

Die Auswahl ist subjektiv, aber keineswegs willkürlich. Gesucht und gefunden wurden Texte, die vom Erwachen und Erkunden der weiblichen Lust erzählen, vom Ersehnen, Erglühen und Erinnern, in welchem Alter auch immer. Sie erzählen von jungen Mädchen und Bräuten, Geliebten und Geschiedenen, Ehefrauen und Witwen, die ihre ganz persönlichen Lustmomente auf höchst unterschiedliche Weise erleben – mit Dank und Demut, Angst und Schrecken, Verwirrung und Scham, mit ungehemmter Lüsternheit oder auch schwereloser Verzückung. Diese vielfältigen Gefühle hervorzuheben, die das Entdecken der eigenen Lust begleiten, erschien mir bei der Zusammenstellung der Textauszüge weitaus verlockender als eine reine Aneinanderreihung von Beschreibungen des Geschlechtsaktes aus weiblicher Sicht. Sollten hier, allein durch das Thema, Erwartungen geweckt und nicht erfüllt worden sein, tut es mir leid. Es ist keinesfalls der Prüderie der Herausgeberin geschuldet, sondern allein der Angst vor Langeweile.

Nicht nur die Heldinnen der Geschichten, sondern auch die Autorinnen selbst gehören verschiedenen Generationen an. Einige ältere Texte beschreiben Gefühle, die heute möglicherweise befremden, andere dagegen enthalten Gedanken von unverminderter Aktualität. So mag die Unbedarftheit der Mary McCarthy-Heldin Dottie vielleicht ebenso verwundern wie die klare Haltung von Stephen, der lesbischen Heldin aus Radclyffe Halls fast hundert Jahre altem Roman *Quell der Einsamkeit*, besticht. Warum, fragt sie, wird ihr Begehren einer Frau von der Gesellschaft geächtet, während diese die Entjungferung einer – heterosexuellen – Braut geradezu zelebriert?

Wie beschreiben Frauen ihre Lust? Wen begehren sie? Was erregt sie? Wie stark ist der Drang, begehrt zu werden? Wann fängt es an, das körperliche Sehnen? Und gibt es ein Alter, in dem das Begehren erlischt? Jeder einzelne Text dieser Anthologie enthält eine Antwort auf diese oder ähnliche Fragen. Zusammengenommen bilden sie ein leidenschaftliches Plädoyer nicht nur für die Lust *im* Text, sondern auch für die Lust *am* Text.[3]

Susanne Nadolny

---

[3] Neben vielen literarischen, autobiografischen und essayistischen Texten verdanke ich wichtige Impulse der Lektüre von Doris Moser und Kalina Kupcszynska (Hg.), Die Lust im Text. Eros in Sprache und Literatur. Wien 2009; sowie dem Buch von Carolin Emcke, Wie wir begehren. Frankfurt am Main 2013

Quellenverzeichnis

Die Orthografie und Interpunktion richten sich jeweils nach dem Original.

Chimamanda Ngozi Adichie, Schwerelos. Aus: Chimamanda Ngozi Adichi, Americanah. Aus dem Englischen von Anette Grube. AMERICANAH by Chimamanda Ngozi Adichie. © 2013, Chimamanda Ngozi Adichie, used by permission of The Wylie Agency (UK) Limited. © S. Fischer Verlag GmbH, Frankfurt am Main 2014.

Elsa Asenijeff, Ersehnte Seligkeit*. Aus: Elsa Asenijeff, Die neue Scheherazade. Ein Roman in Gefühlen. Georg Müller, München 1913

Margaret Atwood, Geschmacklos. Aus: Margaret Atwood: »Das Herz kommt zuletzt« © 2017 Berlin Verlag in der Piper Verlag GmbH, Berlin und München

Saphia Azzeddine, Lernfähig. Aus: Saphia Azzeddine, Zorngebete. A. d. Franz. von Sabine Heymann. © 2013 Verlag Klaus Wagenbach, Berlin

Ingeborg Bachmann, Frei. Aus: Ingeborg Bachmann: »Ein Schritt nach Gomorrha«. Aus: Werke, Band 2. Erzählungen © 1978 Piper Verlag GmbH, München

Emmanuelle Bayamack-Tam, Ungehörig. Aus: Emmanuelle Bayamack-Tam, Guten Morgen ihr Toten. Aus dem Französischen von Ulla Biesenkamp. edition ebersbach, Berlin 2002. *Pauvres morts* by Emmanuelle Bayamack-Tam © P.O.L Editeur, 2000

Simone de Beauvoir, Beschämt. Aus: Simone de Beauvoir, Marcelle, Chantal, Lisa ... In der Übersetzung von Uli Aumüller. © 1981, Rowohlt Verlag GmbH, Hamburg

Catherine Breillat, Allein. Aus: Catherine Breillat, Ein Mädchen. Aus dem Französischen übersetzt von Sabine Müller und Holger Fock. © Kowalke & Co. Verlag, Berlin 2001 © Éditions Denoël, 1977

Lily Brett, Überspannt. Textauszug aus: Lily Brett, Einfach so. Roman. Aus dem Amerikanischen von Anne Lösch. © Suhrkamp Verlag Frankfurt am Main 1999

Patrizia Cavalli, Mir ist, als wollte ich. Aus: Patrizia Cavalli, Diese schönen Tage. Ausgewählte Gedichte 1974–2006. Aus dem Italienischen übersetzt von Piero Salabè. © 2009 Carl Hanser Verlag GmbH & Co. KG, München

Ada Christen, Wilde Küsse. Aus: Ada Christen, Lieder einer Verlorenen, 3. Aufl., Verlag von Hoffmann & Campe, Hamburg 1873

Colette, Dankbar. Aus: Colette, Claudine in der Ehe. Aus dem Französischen von Lida Winiewicz. © 1975 Paul Zsolnay Verlag GmbH, Hamburg/Wien

Marie Darrieussecq, Zügellos. Aus: Marie Darrieussecq, Prinzessinnen. Aus dem Französischen übersetzt von Patricia Klobusiczky. © 2013 Carl Hanser Verlag GmbH & Co. KG, München

Lydia Davis, Bescheiden. Aus: Lydia Davis *Samuel Johnson ist ungehalten.* Stories © Literaturverlag Droschl 2017

Beatritz de Dia, Schwere Gedanken. Aus: Ingrid Kasten (Hg.), Frauenlieder des Mittelalters. Philipp Reclam jun. Verlag, Stuttgart 1990

Emily Dickinson, Wilde Nächte. Aus: Emily Dickinson, Dichtungen. Ausgewählt, aus dem Englischen übertragen und mit einem Nachwort versehen von Werner von Koppenfels. Erweiterte Neuausgabe 2005 © der deutschen Übersetzung 1995 by Dieterich'sche Verlagsbuchhandlung Mainz

Hedwig Dohm, Überwältigt. Aus: Hedwig Dohm, Wie Frauen werden. Werde, die du bist. Novellen. S. Schottlaender, Schlesische Verlags-Anstalt, Breslau 1894

Marguerite Duras, Beglückt. Textauszug aus: Marguerite Duras, Der Liebhaber. Aus dem Französischen von Ilma Rakusa. © 1984 by Les Éditions de Minuit, Paris. © der deutschen Ausgabe Suhrkamp Verlag Frankfurt am Main 1985

Gisela Etzel, Glut und Glanz. Aus: Gisela Etzel, Die Lieder der Monna Lisa, Georg Müller Verlag, München 1912

Bernardine Evaristo, Überrascht. Aus: Bernardine Evaristo. Mädchen, Frau etc. Aus dem Englischen von Tanja Handels © 2021 Tropen - J.G. Cotta'sche Buchhandlung Nachfolger GmbH, gegr. 1659, Stuttgart

Elena Ferrante, Verwirrt. Textauszug aus: Elena Ferrante, Meine geniale Freundin. Band 1 der Neapolitanischen Saga. Kindheit und frühe Jugend. Aus dem Italienischen von Karin Krieger. S. 398-400. © 2011 by Edizioni e/o. © Suhrkamp Verlag Berlin 2016

Olga Grjasnowa, Nostalgisch. Aus: Olga Grjasnowa, Der Russe ist einer, der Birken liebt. © 2012 Carl Hanser Verlag GmbH & Co. KG, München

Lauren Groff, Verwitwet. Aus: Lauren Groff, Licht und Zorn. Aus dem Englischen übersetzt von Stefanie Jacobs. © 2016 Carl Hanser Verlag GmbH & Co. KG, München

Benoîte Groult, Unersättlich. Aus: Benoîte Groult, Salz auf unserer Haut. Aus dem Französischen von Irène Kuhn. Droemersche Verlagsanstalt Th. Knaur Nachf., 1988 München, S. 52–54, mit freundlicher Genehmigung von Droemer Knaur GmbH & Co. KG

Ulla Hahn, Wirbelsäule*. Aus: Ulla Hahn, Gesammelte Gedichte © 2013, Deutsche Verlags-Anstalt, München, in der Penguin Random House Verlagsgruppe GmbH

Radclyffe Hall, Unerfüllt. Aus: Margaret Radclyffe Hall, Quell der Einsamkeit. Aus dem Englischen von Rudolf Harms. © 1967 Gala Verlag GmbH, Hamburg

Emmy Hennings, Verwunschenheit*. Zit. nach: Erwürge mich, Liebster. Frauen über Lieben und Sterben. Kostenlos lesbare Gedichtsammlung. Auswahl: Helmut W. Brinks für die Göttinger Literarische Gesellschaft e.V. [www.literarischegesellschaft.de/PDF/Anthologie.pdf, Abruf: 6.10.2021]

Ricarda Huch, Zärtlichkeiten Aus: Ricarda Huch, Neue Gedichte. Insel-Verlag, Leipzig 1907

Erica Jong, Lüstern. Aus: Erica Jong, Angst vorm Fliegen. Aus dem Amerikanischen von Kai Molvig © Erica Mann Jong 2022, all rights reserved © 1998, S. Fischer Verlag GmbH, Frankfurt am Main

Miranda July, Wachgeküsst. Aus: Miranda July, Der erste fiese Typ. In der Übersetzung von Stefanie Jacobs © 2015, Verlag Kiepenheuer & Witsch GmbH & Co. KG, Köln

Chris Kraus, Entwöhnt. Aus: Chris Kraus.»I Love Dick« © 2017 MSB Matthes & Seitz Berlin Verlagsgesellschaft mbH

Betty Kurth (Vera), Ungeduldig. Aus: Betty Kurth (Vera), Eine für Viele. Aus dem Tagebuche eines Mädchens. 3. Aufl., Hermann Seemann Nachfolger, Leipzig 1902

Louise Labé, Glücksströme. Aus: Louïze Labë, Die Vierundzwanzig Sonette der Louïze Labë. Übertragen von Rainer Maria Rilke, Insel Verlag, Leipzig 1917

Else Lasker-Schüler, Nervus Erotis*. Aus: Else Lasker-Schüler, Die Gedichte. 1902–1943. Hg. von Friedhelm Kemp. Suhrkamp Verlag, Frankfurt am Main 1996

Mechthild von Magdeburg, Liebesfühlen. Aus: Mechthild von Magdeburg, Das fließende Licht der Gottheit. Hg. von Gisela Vollmann-Profe. Deutscher Klassiker Verlag, Frankfurt am Main 2003

Joyce Mansour, Tausend Schauder. Aus: Heribert Becker (Hg.), »Das heiße Raubtier Liebe«. Erotik und Surrealismus. Aus dem Französischen von Heribert Becker. © Prestel-Verlag, München – New York 1998

Rosa Mayreder, Eifersüchtig. Aus: Rosa Mayreder, Idole. S. Fischer Verlag, Berlin 1899

Mary McCarthy, Sinnlich. Auszug aus: Mary McCarthy, Die Clique. Aus dem Amerikanischen von Ursula v. Zedlitz © Mary McCarthy 1963. Für die deutsche Ausgabe © 2015 ebersbach & simon, Berlin

Anja Meulenbelt, Traurig. Aus: Anja Meulenbelt, Die Scham ist vorbei. Aus dem Niederländischen von Birgit Knorr. © deutsche Übersetzung Verlag Frauenoffensive, München 1978

Catherine Millet, Verblüfft. Aus: Catherine Millet, Das sexuelle Leben der Catherine M. Aus dem Französischen von Gaby Wurster, München 2002 © Mit freundlicher Genehmigung von Gaby Wurster.

Clara Müller-Jahnke, Trotzig. Aus: Clara Müller-Jahnke, Ich bekenne. Die Geschichte einer Frau. Neue Ausgabe, Stuttgart: J. H. W. Dietz Nachf., Berlin: Buchhandlung Vorwärts 1921. Erstdruck. F. A. Lattmann, Berlin 1904

Alice Munro, Beleidigt. Aus: Alice Munro, Die Liebe einer Frau. Aus dem Englischen von Heidi Zerning. © S. Fischer Verlag GmbH, Frankfurt am Main 2000

Maria Nurowska, Demütig. Aus: Maria Nurowska, Briefe der Liebe. Aus dem Polnischen von Albrecht Lempp. © S. Fischer Verlag GmbH, Frankfurt am Main 1992

Toni Morrison, Erwartungsvoll. Aus: Toni Morrison, Jazz. Deutsch von Helga Pfetsch. Rowohlt Taschenbuch Verlag GmbH, Reinbek bei Hamburg, Dezember 1994 © 1993 by Rowohlt Verlag GmbH, Reinbek bei Hamburg

Edna O'Brien, Nackt. Aus: Edna O'Brien, Die Fünfzehnjährigen. Aus dem Englischen von Stefanie Jacobs. © 2018 by Hoffmann und Campe Verlag, Hamburg

Nuala O'Faolain, Verrückt. Aus: Nuala O'Faolain, Nur nicht unsichtbar werden. In der Übersetzung von Renée Zucker © 2000 Rowohlt Verlag GmbH, Hamburg

Sylvia Plath, Hellwach. Aus: © Sylvia Plath: Zungen aus Stein. Aus dem Amerikanischen von Julia Bachstein und Susanne Levin. Neuauflage. Frankfurter Verlagsanstalt GmbH, Frankfurt am Main 2012

Franziska zu Reventlow, Ehrlich. Aus: Franziska zu Reventlow, Von Paul zu Pedro. Rowohlt Verlag GmbH, Reinbek bei Hamburg 1969

Sally Rooney, Gespannt. Aus: Sally Rooney, Gespräche mit Freunden © 2019 Luchterhand Literaturverlag, München, in der Penguin Random House Verlagsgruppe GmbH. Übersetzung: Zoë Beck

Vita Sackville-West, Sentimental. Aus: Vita Sackville-West, Unerwartete Leidenschaft. A. d. Engl. von Hans B. Wagenseil. © The Estate of Vita Sackville-West © 2015, 2016 Verlag Klaus Wagenbach, Berlin

George Sand, Unbefriedigt. Aus: George Sand. »Lélia«. Aus dem Französischen von Anna Wheill © 1981 MSB Matthes & Seitz Berlin Verlagsgesellschaft mbH

Sibylla Schwarz, Verlangen. Aus: Sibylla Schwarz, Ich fliege Himmel an mit ungezähmten Pferden. Hg. und mit einem Nachwort von Gudrun Weiland. © 2021 by Secession Verlag für Literatur, Zürich

Annemarie Schwarzenbach, Machtlos. Aus: Annemarie Schwarzenbach, Eine Frau zu sehen. Hg. und mit einem Nachwort von Alexis Schwarzenbach. © 2008/2020 by Kein & Aber AG Zürich – Bern

Anne Sexton, Genuss. Aus: Anne Sexton, Liebesgedichte – Love Poems. Hg. von Elisabeth Bronfen. In der Übersetzung von Silvia Morawetz © 1995, S. Fischer Verlag GmbH, Frankfurt am Main

Elif Shafak, Verwegen. Aus: Elif Shafak, Der Geruch des Paradieses. Aus dem Englischen von Michaela Grabinger Copyright © 2016/2017 by KEIN & ABER AG Zürich – Berlin

Zeruya Shalev, Hungrig. Aus: Zeruya Shalev: »Liebesleben« © 2000 Berlin Verlag in der Piper Verlag GmbH, Berlin und München

Zadie Smith, Planlos. Aus: Zadie Smith, London NW. In der Übersetzung von Tanja Handels. © 2014, Verlag Kiepenheuer & Witsch GmbH & Co. KG, Köln

Marlene Streeruwitz, Geladen. Aus: Marlene Streeruwitz, Nachkommen. © S. Fischer Verlag GmbH, Frankfurt am Main 2014

Sulpicia, Feurige Reue. Aus: Tibullus: Elegien. Deutsch von Paul Lewinsohn. Berlin: Pantheon-Verlag 1922

Maria Sveland, Unkompliziert. Aus: Maria Sveland, Immer noch Bitterfotze. In der Übersetzung von Regine Elsässer © 2019, Verlag Kiepenheuer & Witsch GmbH & Co. KG, Köln

Elsa von Freytag-Loringhoven, Wetterleuchte*. Aus: Elsa von Freytag-Loringhoven, Mein Mund ist lüstern – I got lusting palate. Hg. und übersetzt von Irene Gammel. edition ebersbach, Berlin 2005

Virginia Woolf, Verzückt. Aus: Virginia Woolf, Gesammelte Werke. Prosa 5: Mrs Dalloway. Aus dem Englischen übersetzt von Walter Boehlich. © S. Fischer Verlag GmbH, Frankfurt am Main 1997

Marguerite Yourcenar, Unverhüllt. Aus: Marguerite Yourcenar, Liebesläufe. Aus dem Französischen übersetzt von Rolf und Hedda Soellner. © 1989 Carl Hanser Verlag GmbH & Co. KG, München

Editorische Notiz

Mit Ausnahme der Texte *Ersehnte Seligkeit* von Elsa Asenijeff, *Wetterleuchte* von Elsa von Freytag-Loringhoven, *Nervus Erotis* von Else Lasker-Schüler, *Verwunschenheit* von Emmy Hennings und *Wirbelsäule* von Ulla Hahn (im Quellennachweis durch * gekennzeichnet) stammen die Überschriften der einzelnen Texte von der Herausgeberin.

Herausgeberin und Verlag haben sich bis Produktionsschluss intensiv bemüht, in allen Bezügen Rechteinhaber ausfindig zu machen. Sollten dennoch Ansprüche bestehen, bitten wir darum, sich mit dem Verlag in Verbindung zu setzen.

Bibliografische Information der Deutschen Nationalbibliothek
Die Deutsche Nationalbibliothek verzeichnet diese Publikation in der Deutschen
Nationalbibliografie; detaillierte bibliografische Daten sind im Internet über
http://dnb.d-nb.de abrufbar.

Es ist nicht gestattet, Texte dieses Buches zu scannen, in PCs oder auf CDs
zu speichern oder mit Computern zu verändern oder einzeln oder zusammen
mit anderen Bildvorlagen zu manipulieren, es sei denn mit schriftlicher
Genehmigung des Verlages.

Alle Rechte vorbehalten

© by S. Marix Verlag in der Verlagshaus Römerweg GmbH, Wiesbaden 2022
Lektorat: Lena Pape, Wiesbaden
Covergestaltung: Anja Carrà, Weimar
Bildnachweis: © Angie Lingnau - stock.adobe.com
Umschlag: Karina Bertagnolli, Wiesbaden
Satz und Layout: Anja Carrà, Weimar
Der Titel wurde in der Baskerville gesetzt.
Gesamtherstellung: CPI books GmbH, Leck – Germany

ISBN: 978-3-7374-1184-4

Mehr über Ideen, Autoren und Programm des Verlags finden Sie auf
www.verlagshausroemerweg.de und in Ihrer Buchhandlung.